*Frisch vorwärts, es kommt auch noch die
bessere Zeit!*

Lutz Dommel (Hrsg.)

Mein Urgroßvater im Ersten Weltkrieg

Ein Tagebuch

Bibliografische Information Der Deutschen Bibliothek
Die Deutsche Bibliothek verzeichnet diese Publikation in der Deutschen Nationalbibliografie; detaillierte bibliografische Daten sind im Internet über <http://dnb.ddb.de> abrufbar.

ISBN: 3-8334-5145-9

© Lutz Dommel
Bilddigitalisierung: Karl Heinz Dommel

Herstellung und Verlag:Books on Demand GmbH, Norderstedt

Zum Andenken an Hugo Krüpe

* 1880
† 1950

Im Ersten Weltkrieg starben über 10 Millionen Menschen. Nur ein einfaches † für jeden von ihnen, und dieses Buch wäre über 5000 Seiten stark.

Einige Vorbemerkungen

Zur Entstehung der vorliegenden Tagebuchedition

Es war ein Wochenende im Spätsommer 2005, als ich wieder einmal in Radevormwald in meinem Elternhaus weilte. Hier lebt auch meine Großmutter, und von Zeit zu Zeit sitzen wir beisammen und ich lasse mir von "damals" erzählen. Als wir wieder einmal zusammen Kaffee tranken, kam meine Großmutter nach ungefähr einer Stunde auf ein Kästchen zu sprechen, in dem sie noch Unterlagen meines 1950 verstorbenen Urgroßvaters, ihres Schwiegervaters, aufbewahrte. Alte, verstaubte, möglichst vergessene und lange nicht hervorgeholte Unterlagen haben mich schon immer besonders angezogen und so bekam ich wohl auch diesmal leuchtende Augen. Meine Großmutter griff recht zielsicher in einen Schrank und beförderte ein etwa 20 x 15 cm großes, metallenes, verschlossenes Kästchen ans Tageslicht. Glücklicherweise steckte der Schlüssel im Schloss der Kassette. Vorsichtig drehte ich den Schlüssel und das Kästchen sprang auf, als sei es erst gestern verschlossen worden. Darinnen fand ich einige Briefe, ein Feuerzeug, ein "Eisernes Kreuz" aus dem ersten Weltkriege und zwei unscheinbar wirkende Kladden, der Umschlag abgegriffen und leicht wellig. Der Aufdruck: "1917" freute mich, die Briefe waren aber zunächst interessanter. Geschrieben wohl in den fünfziger Jahren dokumentierten sie einen Streit zwischen gar nicht so entfernter Verwandtschaft, was sowohl für meine Oma als auch für mich einigermaßen amüsant war. Zum Schluss warf ich doch noch einen Blick in die Kladden. Ich blätterte von hinten nach vorne und fand zunächst einmal ein gedrucktes Verzeichnis der größten Städte des Deutschen Reiches. Eupen, die Stadt in der ich heute lebe, war auch verzeichnet, mit etwas mehr als 10.000 Einwohnern. Heute gehört Eupen zur Deutschsprachigen Gemeinschaft des Königreichs Belgien. Den Namen in einem deutschen Städteverzeichnis zu lesen, fühlte sich merkwürdig an (für meine Frau, die Belgierin ist, wohl noch mehr). Weiter nach vorne geblättert fand ich handschriftliche Eintragungen. Beide Kladden waren dicht gedrängt beschrieben! Meine Augen huschten über das Papier und ich erkannte zunächst Zeitangaben: Juli 1916 las ich da und meine Aufregung nahm zu. Ich hatte die Kriegstagebücher meines Urgroßvaters wiederentdeckt. Meine Großmutter wusste wohl um die Existenz der Kladden, gelesen hatte sie diese aber nie. Rasch versuchte ich einige Zeilen zu entziffern und lies das Heft dann enttäuscht sinken. Hatte ich zunächst gemutmaßt, die Handschrift sei lediglich schwer zu entziffern und ich müsste mich nur in das Schriftbild finden, so stellte ich nun resigniert fest, dass die Schrift an sich mir nicht bekannt war. Hier und da glaubte ich Strukturen erkennen zu können, aber sobald ich ein Wort schärfer fokussieren wollte, stand es ganz unleserlich vor mir. "Sütterlin!" rief ich etwas enttäuscht aus und wusste gar nicht, wie falsch ich lag. Schnell reichte ich das Heft meiner Großmutter, welche die Schrift einigermaßen entziffern konnte, Wort für Wort. Wohl hatte sie die Sütterlin-Schrift in der Schule lesen und schreiben gelernt, doch scheinbar war sie etwas aus der Übung geraten, wie ich dachte. Meine Enttäuschung wuchs, so würde ich nie in einem adäquaten Zeitrahmen den Inhalt des ganzen Buches verstehen können. Dennoch bat ich meine Großmutter um Leihgabe der Büchlein. Ich wollte sie sorgsam kopieren und dann einmal schauen, wie viel Zeit es mich wohl kosten würde, die alte Schrift zu erlernen und den Inhalt der Kriegstagebücher für mich zu entschlüsseln.

Zur Schreibschrift des Tagebuchverfassers

Wieder zu Hause angekommen, das Wochenende vorüber, stellte ich die Tagebücher erst einmal in einen Schrank, wo sie gewiss sechs Wochen unberührt ruhten. Dann fand ich Zeit, sie zu kopieren. Auch machte ich mich mit Hilfe des Internets ein wenig schlau über "Sütterlin" doch schon nach wenigen Minuten kamen mir Zweifel. Mit den Buchstabentabellen, die ich fand, fiel es mir immer noch schwer, auch nur ein Wort meines Urgroßvaters zu dechiffrieren. Konnte das sein? Sicher, manche Buchstaben wiesen Ähnlichkeiten auf, andere aber sahen so ganz anders aus oder fanden sich gar nicht auf den Internetseiten wieder. Bei der weiteren Recherche stellte ich dann fest, dass Ludwig Sütterlin seine Schrift erst etwa ab 1910 entwickelte und sie erst ab 1915 in den Schulen des deutschen Reiches gelehrt wurde. Nie zuvor hatte ich mir über die Entwicklung der im deutschen Sprachraum gebräuchlichen Schreibschriften Gedanken gemacht. Für mich war es immer sicheres Alltagswissen, dass meine Großeltern und auch ihre Eltern "Sütterlin" schrieben und dann irgendwann zu der heute gebräuchlichen lateinischen Schreibschrift wechselten. Allen an der Entwicklung des deutschen Schriftbildes Interessierten empfehle ich die wirklich gute Internetübersicht von Peter Doerling (www.peter-doerling.de) der unter dem Kapitel "Entwicklung der Schrift" die wichtigsten Schriftarten nebeneinander stellt. Und siehe da, ich fand die "richtige Schrift". Mein Urgroßvater schrieb ganz offensichtlich die seit dem 18. Jahrhundert für Briefe und Handschriften gebräuchliche "Deutsche Schreibschrift", die aus der deutschen Kurrentschrift hervorgegangen war. "Sütterlin" war letztlich nur eine Anpassung und Vereinfachung dieser Schrift. Letztlich waren es einmal mehr die Nationalsozialisten und - wie von einigen Historikern vermutet wird - Adolf Hitler persönlich - gewesen, der für einen deutlichen Bruch in der deutschen Kulturgeschichte sorgte. 1941 wurde der Gebrauch der deutschen Schreibschrift verboten. Von nun an galt die ebenfalls seit dem 18. Jahrhundert bekannte "lateinische Schreibschrift" als einzige in Deutschland zu verwendende Schrift. Die Beweggründe will ich nicht näher kommentieren, aber mit diesem Schritt brachte man die Generation meiner Eltern und wohl auch alle nachfolgenden um die Möglichkeit, die Mehrheit der Briefe und anderer Handschriften die aus heutiger Sicht älter als ca. 65 Jahre sind, auf Anhieb lesen zu können. Wenn man die Eintragungen in den vielen noch vorhandenen alten Poesiealben, Familienbibeln oder Tagebüchern nicht lesen kann, so verliert man auch ein Stück Bindung zu und Verständnis für diese Zeit und seine eigene Geschichte. Und hier möchte ich nun die Brücke schlagen zu den Beweggründen, die alte deutsche Schreibschrift lesen zu lernen, die Tagebücher meines Urgroßvaters abzutippen, zu editieren und dann noch so vermessen zu sein, sie auch herauszugeben. Hätte es nicht genügt, Kopien der Tagebücher an das Deutsche Tagebucharchiv in Emmendingen zu übersenden, wo es Historikern, die weit mehr Wissen, Zeit und Verständnis für diesen Geschichtsabschnitt verfügbar haben, zum Studium offen steht? Nun, ich habe mich für beide Wege entschieden. Eine Kopie der Tagebücher ist komplett beim Deutschen Tagebuch Archiv hinterlegt worden, wo sie neben hunderten weiteren Kriegstagebüchern dazu beitragen kann, Detailwissen über den Ersten Weltkrieg zu generieren. Doch wie viele Leser erreicht das Tagebuch dann? Wer weiß von dem Tagebucharchiv? Und wer kann die Aufzeichnungen - die oben gemachten Anmerkungen einbeziehend - auch lesen? Die Brutalität und die Geschehnisse des "Ersten Weltkrieges", der nun neunzig Jahre zurückliegt, haben auch heute nichts an ihrer historischen Bedeutung für Europa verloren. Aber überlagert durch die Perzeption des "Zweiten Weltkrieges" ist die veranschaulichende Literatur, die über ein reines Sachbuch hinausgeht, dünn gesät. Zwar kann man anmerken, dass Remarques "Im Westen nichts Neues", das vielerorts zu einem Standardwerk des Deutschunterrichts gehört, dieses Terrain übermächtig füllt, und Ernst Jüngers "In Stahlgewittern" eine anschauliche Vorstellung - wenn auch reichlich euphemistisch, ja verblendet - gibt, und beide genug literarisches Anschauungsmaterial liefern, aber mir scheint doch Platz für ein Büchlein wie das vorliegende, das gefüllt ist mit Details, persönlichen, militärischen und alltäglichen. Ein Text, der nicht nach dem Krieg, reichlich editiert, dekoriert und reflektiert niedergeschrieben wurde, sondern eine ganz persönliche Tatsachenbeschreibung, abgefasst während des Krieges.

Innenseite des zweiten Tagebuchbandes mit dem originalem Schreibwerkzeug

Editorische Anmerkung

Befreiend ist die Existenz einer Einrichtung wie der des Deutschen Tagebucharchivs für mich als Herausgeber! Von der Last befreiend, alle Details des Originals in diese Edition hinüberretten zu müssen. Im Original sind z.B. Unterschiede in der Stimmung des Verfassers mitunter im Schriftbild sichtbar; wenn der Eintrag unter großem Druck ausgeführt wurde, stehen die Buchstaben enger beieinander usw. Ich hätte nicht gewusst, wie solche Feinheiten in eine Transkription des Textes zu bergen gewesen wären, ohne den Leser mit einer unendlichen Zahl von Fußnoten zu ermüden. Stattdessen habe ich mich entschieden, den Text so zu bearbeiten, dass 95 Prozent des Textkörpers dem Original entsprechen, die übrigen fünf Prozent aber so angepasst sind, dass sie dem Leser das Verständnis erleichtern. Dies betrifft in erster Linie die im Text vorkommenden, zahlreichen, häufig militärischen Abkürzungen. Nicht jeder weiß, dass ein "Offz.St". ein Offizier-Stellvertreter oder ein "Inf.Res.Rgt." ein Infanterie Reserve Regiment ist.

16

Andere Abkürzungen im Originaltext waren weit weniger offiziell gültig, als vielmehr der verfügbaren Zeit zur Niederschrift geschuldet. Hier habe ich ebenfalls die ausgeschriebene Version des jeweiligen Wortes eingesetzt. Uhrzeiten und Datumsangaben habe ich in ihrer Schreibweise vereinheitlicht, offensichtliche Flüchtigkeitsfehler -selten genug vorkommend-, wie fehlende Buchstaben, korrigiert (dabei vermutlich auch neue entstehen lassen, diese möge der Leser bitte dem Herausgeber und Bearbeiter, nicht aber meinem Urgroßvater zuschreiben). Auch habe ich einige Namensangaben gestrichen, z.B. wenn mein Urgroßvater berichtete, welches alles seine Stubenkameraden waren. Manche Namen waren einfach nicht zu entziffern, andere Aufzählungen zu umfangreich, um sie in dem vorliegenden Band wiedergeben zu müssen. Ebenfalls wurde der Tagebuchtext um einige Seiten Rohmaterial gekürzt, das dem wiedergegebenen Textkörper voranging. Dieses schildert einige Tage an der deutschen Ostfront im Jahr 1915. Auf Grund der Kürze dieser Passagen und dem fehlenden Bezug zum überwiegenden Rest des Rohtextes, habe ich mich gegen eine Hereinnahme entschieden. Verzichtet habe ich auch auf eine Überarbeitung des Tagebuchtextes hinsichtlich der aktuellen Rechtschreibregeln. Ein "ß" zum Beispiel wird sich im Text nicht finden, die "Deutsche Schreibschrift" kannte dieses nicht, auch wenn die Entstehung des "ß" in den unterschiedlichen möglichen Schreibweisen des "s" in der "Deutschen Schreibschrift" begründet liegt. Ob dies mit der aktuellen Rechtschreibregelung (welche das ist, war während der Drucklegung unklar...) übereinstimmt, ist nunmehr dem Zufall überlassen. Insgesamt bitte ich diese Freiheiten im Umgang mit dem Original zu entschuldigen, glaube aber, dass sie für diese Tagebuchveröffentlichung sinnhaft sind. Des Weiteren habe ich mich entschlossen, den Inhalt des Tagebuchs nicht gänzlich unkommentiert zu lassen, sondern habe dort, wo meine Fähigkeiten es zuließen, Erläuterungen, Kommentare oder Kartenmaterial eingefügt. Wo dies möglich war, habe ich auf weiterführende Quellen verwiesen.

Zur Biographie des Tagebuchverfassers

Mein Urgroßvater wurde 1880 in einem heute zu Essen gehörenden Städtchen als Sohn eines Bergmannes geboren. Obwohl er viele Geschwister hatte, wurde ihm eine gute Ausbildung zum Lehrer ermöglicht. Über eine Station in Opladen gelangte er um 1900 nach Radevormwald, wo er eine Anstellung als Rektoratsschullehrer in der Blumenstrasse erhielt. Er heiratete und wurde noch vor Kriegsbeginn Vater eines Sohnes, Heinz, von dem auch in den Aufzeichnungen berichtet wird. Wie Millionen anderer Männer wurde er mit Einsetzen des Ersten Weltkrieges 1914 zum Kriegsdienst eingezogen. Sein Heimatregiment war in Mülheim an der Ruhr stationiert. Mit viel Glück überlebte er den Ersten Weltkrieg nahezu unbeschadet, wurde schnell Vater zweier weiterer Kinder, baute ein Haus und blieb als Lehrer tätig Er starb 1950.

Vom Glück im Krieg

Die Erde existiert seit einigen Milliarden Jahren. Das früheste Leben auf unserem Planeten ebenfalls. Folgen wir der Evolutionstheorie, so ergibt sich bis zu uns eine ununterbrochene Kette des Lebens. Das bedeutet auch: Alle unsere Vorfahren waren attraktiv, schlau und durchsetzungsstark genug, um einen Partner zu finden und mit diesem Nachkommen zu zeugen oder auf die Welt zu bringen, bevor ihr Lebenslicht erlosch. Diese Idee, die keiner anschaulicher umschrieben hat als Bill Bryson[1], ist eng mit der Frage verbunden, wie viel Zufall, wie viel Glück im Spiel gewesen sein muss, damit wir als Individuen überhaupt hier sind. Glück oder göttlicher Wille? Bleiben wir zunächst einmal beim Glück. Glück gehabt, das sagt man oft und es geht einem leicht über die Lippen. Im ersten Weltkrieg leisteten an die 13 Millionen Deutsche Militärdienst. Davon starb gut jeder fünfte. In der Champagne und bei Verdun waren die Verlustra-

---

[1] Vgl. Bryson, Bill: A short history of nearly everything, Black Swan, 2004

ten noch deutlich höher. Kann es einen da verwundern, dass sich die Tagebuchaufzeichnungen meines Urgroßvaters wie eine Aneinanderreihung glücklicher Umstände liest? Wird seine Unterkunft bombardiert, steht er im Garten. Die Kompanie, die ihn ablöst, wird am nächsten Tag vernichtet. Schlägt eine Granate dicht bei ihm ein, so ist es ein Blindgänger. Muss er einen gefährlichen Frontabschnitt passieren, macht der Feind Feuerpause. Und er schreibt jedes Mal etwas wie: "Man muss schon Glück haben"[2]. Auf den ersten Blick erscheint so viel Glück am Stück allzu unwahrscheinlich. Ein wenig - man verzeihe mir diesen Vergleich - wie in einem billigen Film, in dem die Guten nie von den Kugeln der Gegner getroffen werden, letztere aber reihenweise umfallen. Doch dann verstand ich: Man musste so viel Glück haben. In der Hölle des Stellungskrieges war die gesunde Heimkehr eine Verkettung glücklicher Umstände. Viele Kriegsheimkehrer mussten solche Geschichten vom persönlichen Kriegsglück erzählen können. Wer kein Glück hatte, konnte auch

---

[2] Vgl. Februar 1917

kein Tagebuch mit nach Hause bringen. So ist mein Urgroßvater in seinen Aufzeichnungen stets der Glückliche, während etliche seiner Kameraden die ganze Grausamkeit des Krieges ereilt. Und das völlig ohne Plan. Wer trennt die Kompanien in richtig und falsch, wird abgelöst oder wird vernichtet? Der Unterstand des einen wird bei tagelangem Bombardement fortlaufend verfehlt, der des anderen gleich zu Beginn von einem Volltreffer durchschlagen. Mein Urgroßvater war, das zeigt sich auch an einigen Stellen seiner Aufzeichnungen, ein gottesfürchtiger, religiöser Mann. Aber die Frage, warum man dem Tod noch einmal von der Schippe sprang, beantwortet er stets mit 'Glück gehabt'. Der Gedanke, dass Gottes Vorsehung inmitten der Kriegshölle noch eine Wahl trifft, war vielleicht auch ihm unerträglich, und reiner Zufall, mit dem ein Krieg Lebenswege aussiebt, eine willkommenere Erklärung. Glück als großes Sieb des frühen Todes, durch dessen große Löcher nicht gefallen zu sein, die Kette des Lebens

vom Ersten Weltkrieg in meine Generation fort-
spannt[3].

Spurensuche

Was bleibt einem von einem Urgroßvater? Für
mich waren Urgroßeltern immer die Grenze zwi-
schen Erinnerung und Vergessen der eigenen Her-
kunft. Der Graben der Zeit ist gerade so tief zwi-
schen ihnen und mir, dass man einige Eckpunkte
ihres Lebens kennen mag, ihre Kindheit, ihre El-
tern und Freunde aber bereits in einem Dunkel lie-
gen, das kaum gelichtet werden kann. So bleiben
Namen, Geburtsdaten, mit Glück Fotographien
oder Portraits. Aber der Charakter, die Person
bleibt ab Generation Nr. 4 in den meisten Fällen
für immer und unrettbar verborgen. Meine Ur-
großeltern liegen für mich auch eher in von Wis-
sen nur schwach ausgeleuchtetem Teil der Vergan-
genheit. Welch Chance in einem Tagebuch auf
Spurensuche zu gehen!

---

[3] Und hier gilt zu bedenken, dass das große Sieb nur wenig mehr als zwei Jahrzehnte später erneut in große,
furchtbare Bewegung gesetzt wurde

Mein Urgroßvater wurde 1880 geboren. Er zeugte meinen Großvater, da ging er bereits auf die vierzig zu, mein Großvater zeugte meine Mutter, da war er knapp dreißig und meine Mutter brachte mich wiederum in ihrem dreißigsten Lebensjahr zur Welt. So kommt es, dass mein Geburtstag fast 100 Jahre nach dem meines Urgroßvaters liegt. Und liegt er auch in einer anderen Welt? 1880, das Deutsche Reich existiert schon, Bismarck ist noch für ein weiteres gutes Jahrzehnt Kanzler, die Sozialgesetzgebung ist noch nicht, wird aber bald eingeführt, Deutschland hat noch keine Kolonien und der richtige Wilhelm ist noch Kaiser. Geschichtlich betrachtet, geht es von hier aus mit Deutschland lange Zeit nur bergab. Mein Urgroßvater stirbt 1950, er sieht also noch das Licht am Ende des Tunnels, aber seine Lebenszeit fällt in einen Abschnitt deutscher Geschichte voller Katastrophen und Irrtümer. Thomas Mann, dessen Lebenszeit von den glücklichen Tagen der Reichsgründung bis 1950 reicht und damit ein Zeitgenosse meines Urgroßvaters war, lässt in seinen Roma-

nen und Schriften wie kein anderer diese Kultur
des allgemeinen Verfalls und Siechtums aufleben.

Mit diesen Gedanken das erste Lesen des urgroß-
väterlichen Tagebuches. Ein Lesen mit Blick von
oben auf ein Geschehen, das weit weg, neunzig
Jahre in der Vergangenheit liegt, das von Men-
schen handelt, die mir immer fremd schienen. Aber
der eigene Urgroßvater kann einem ja nicht fremd
sein? Ein wenig Nachdenken - eigentlich bleiben
mir von ihm ein Tagebuch und - ein Haus. Kurz
nach dem Krieg baute er ein Haus, ganz nahe der
Schule, in der er als Lehrer wirkte. In diesem
Haus, dessen Accessoires, Wandanstriche und
Einrichtung sich geändert haben mögen, bin ich
aufgewachsen. Was kann einen mehr prägen als
das zu Hause? Sicher, zu Hause, das ist mehr als
ein Gebäude mit Wänden. Aber doch bin ich über-
zeugt, ein Haus, seine Raumaufteilung, seine Lage,
seine Umgebung, das alles muss Wirkung haben.
Nun, vielleicht weit hergeholt, aber durch diesen
Gedanken fühle ich mich schon weit verbundener
mit diesem seit vor mehr als 50 Jahren verstorbe-
nen Mann. Aber hier geht es nicht um ein Haus,

sondern um Tagebuchaufzeichnungen. Also beginne ich noch einmal die Lektüre, diesmal gleichsam von vorne, nicht von oben. Ich versuche meinen Urgroßvater, den jungen Soldaten zu mustern, vielleicht auch, um eine Ähnlichkeit oder doch Verwandtschaft zu entdecken. Ich beginne, interessante Merkmale zu notieren. Er stößt sich häufig den Kopf, fällt mir lapidar zuerst auf. Und er notiert es auch noch. Dann: Er wandert gerne. Er wandert gerne, wenn um ihn herum Krieg tobt, er sucht seine Ablenkung in der Wanderung. Aber spazieren gehen, um einen klaren Kopf zu bekommen, das tun viele. Mir fällt der Nachruf auf meinen Urgroßvater ein. Ein Schnipsel, eine Spalte, 15 Zeilen in der lokalen Presse. "Er wanderte täglich die schönen Wege unserer Gemeinde", steht da. Ich lege mich fest, wandern muss eine große Bedeutung für ihn gehabt haben. Und dann finde ich die Sache mit dem Schmutz. Durch die Tagebucheinträge dringt eine gewisse Pingeligkeit. Überall wo Schmutz, Dreck oder Ungeziefer lauert, wird ausführlich referiert. Ob er mehr von Schmutz und Dreck oder Kanonendonner berichtet, habe ich nicht gezählt, allein der Gedanke an einen solchen Vergleich ist wohl eine fatale Fehleinschätzung der Lebenswirklichkeit im Krieg. Ich bin sicher, Schmutz war kein Problem. Aber er hätte es wohl -trotz allem- gerne gemütlicher gehabt. Etwas mehr Normalität in der Hölle. Etwas mehr Ordnung und eben Sauberkeit im Grabenmorast der Weltgeschichte. Er ärgert sich über eine zerbrochene Pfeife, freut sich über Pakete seiner Lieben. Er glaubt an Gott, schöpft Kraft aus seiner Religion und wenn er die Chance hat, dem Krieg auch nur für ein paar Tage zu entkommen, dann nutzt er sie sofort. Ein ganz normaler Mensch. Gar nicht so weit entfernt. Ich spüre etwas wie Zuneigung, bin aber nicht sicher, ob nicht doch so, wie zu einem Romanhelden, dessen Schilderung man gespannt lauscht. Bücher sind nur dickere Briefe an Freunde, lautet ein zu oft genutztes Zitat von Jean Paul. Auch an Urenkel? Zwei Tagebücher, eng beschrieben, sicher verwahrt in einer abgeschlossenen Schatulle zwischen Bergen anderen Materials. Wer, hat er gedacht, sollte das einmal Lesen? Nur er selbst? Nach dem ersten mühevollen, mehr auf reines Verständnis zielenden Durch-blättern dachte ich, eine zur drögen Aufzählung verkommene Niederschrift vor mir zu haben. Kur-ze, fast zackig, soldatisch anmutende Sätze. Dem knappen Platz, der knappen Zeit geschuldet? Oder einfach seinem Stil entsprechend. Emotionslos wie eine Bedienungsanleitung? Ereignisse während ei-nes Zeitraums zweier Jahre aufgeschrieben mit ho-her Präzision wie bei einer Maschine, inklusive Redundanzen. Rechtschreibfehler nahezu unauf-findbar. Und doch unzweideutig ein Entstehungs-zeitraum mehrerer Jahre, geschrieben mit unter-schiedlichem Gerät, in unterschiedlicher Sitzhal-tung oder auf unterschiedlicher Unterlage. Der In-halt hingegen liegt ausgestreckt, plattgewalzt vor einem, ohne erkennbare Entwicklung des Schreib-stils. Wer ist dieser Urgroßvater, der die Hölle auf Erden erlebt, beschreibt und dies doch mit einer Monotonie des Stils, auf den ersten Blick steril und bar jeglicher Emotion, die über Kopfschmerzen hinaus gehen. Also ein zweites Lesen und dann noch eines. Doch erst bei der Abschrift schält sich langsam eine wirkliche Person aus dem eben und *gleichmäßig dahinfliessenden Strom der Kriegserlebnisse. Die Passage, die diesem Buch den Titel gibt, entdecke ich für mich als Schlüsselstelle[4]. Patriotisch, optimistisch, romantisch erscheint der Urgroßvater mir hier. Oder auch verblendet? Sicher jedoch soldatisch, vielleicht auch ein wenig melancholisch. Aber was sagt eine solche Momentaufnahme? Ist er all dies nur im Augenblick der Niederschrift oder ist es ein Merkmal seiner Persönlichkeit? Eine so nachdenkliche Stelle findet sich nur einmal in den Aufzeichnungen, während eines Zeitraum zweier Jahre. Aber es finden sich eine Reihe kurzer, nahezu verträumter Abschnitte. Der grüne Hügel von Laon, die feuerspeienden Berge bei Verdun, die silbergrau und still hinfließende Maas, Berge und Täler sind nur einige der mit liebevollem Nachdruck geschilderten Landschaftsmerkmale. Mir scheint, meinem Urgroßvater eröffnete sich die Welt ohnehin gleichsam wie auf einem Ölgemälde, die Natur stoisch, statisch und unveränderbar als haltgebendes Hintergrundbild auf der Bühne des Lebens, die gerade*

---

[4] Vgl. Anfang Oktober 1915

den Krieg zum Schauspiel gibt. Auf dieses Hinter-
grundbild zog sich mein Urgroßvater wohl gerne
zurück. Er liebt nicht die Gefahr, sondern Ruhe
und Abgeschiedenheit. In den Phasen seines wan-
dernden Grübelns glaubt man fast an einen ver-
hinderten Einsiedler. Dabei hat er gerne Men-
schen um sich, trinkt Bier mit Ihnen, feiert Ge-
burtstage. Ist lustig, lebensfroh und amüsiert sich
königlich über den schwäbischen Dialekt, der ihm
in Form eines Krankenpflegers über den Weg
läuft⁵. So hingerissen ist er, dass er versucht die
Aussprache im Wort festzuhalten. Für das Bild
vom Ersten Weltkrieg, das ich im Kopf hatte, wird
überhaupt viel gelacht. Und man verbringt auch
nicht die ganze Zeit im Graben. Aber die Unter-
brechung des Kampfes scheint ihr eigenes Grauen
zu besitzen, groß offensichtlich die Anspannung,
aus der Ruhestellung wieder den Dienst antreten
zu müssen. Hat er wohl alles aufgeschrieben? Wen
verschont er, wenn seine Schilderung der Kampf-
handlung merkwürdig steril und seltsam zensiert
erscheint. Ganz wie die Jugendausgabe eines Hor-

---

⁵ Vgl. Anfang August 1916

rorfilms. Zu hause bei seiner Familie 'hapert' [6] *es zunächst mit dem Erzählen. Die Kluft wird spürbar, die so viele kriegsgezeichnete junge Männer von ihren Frauen und Kindern getrennt haben muss. Dabei ist diese Familie wohl ein so wichtiger Halt, der ihm sehr viel bedeutet haben muss. Liebevolle Passagen reich an Kosenamen geben Zeugnis davon. Doch halt - wie viel hiervon ist überhaupt relevant für Leser fernab verwandtschaftlicher Beziehungen zum Autor? Alle Menschen sind Individuen, und so ist Erlebtes nicht übertragbar, Reaktionen, Emotionen nicht von einer Person, von meinem Urgroßvater zu trennen. Und doch glaube ich, dass vieles, was mein Urgroßvater in seiner Nüchternheit niedergeschrieben hat, wohl auch von anderen jungen Männern so erlebt und vielleicht auch empfunden wurde. So dass vielleicht doch eine gewisse Gültigkeit des Geschriebenen über die Person Hugo Krüpes hinaus besteht und dem Leser ein Bild vermittelt, von einem weltgeschichtlichen Abschnitt, der Land und Leute bis heute prägt*

---

[6] Vgl. Urlaub 1916

Das Tagebuch

Am 16. Juni Abfahrt nach Frankreich, abends 9 Uhr ab Mülheim über Euskirchen, Trier, Luxemburg nach Laon. Schöne Stadt mit herrlich gelegenem Dom. Dann mit Kleinbahn und Fuhrwerk nach Festieux, Mauregny. Sehr anmutige Gegend. Frisches Grün, saftige Wiesen und fruchtbare Felder. Der Aufenthalt in Mauregny dauert nur 3 Tage, dann wurden wir nach Montaigu versetzt. 14. R.I. 3. Kompanie. Wir wohnen bei Madame Venand. Von den Bergen schöne Aussicht auf die Ebene bis Laon und Reims. Am 8. Juli verunglückte Oberleutnant von Tersche beim Werfen von Handgranaten. Eine Stielhandgranate bringt ihm furchtbare Verletzungen, er stirbt am anderen Morgen. Ein Pionierunteroffizier ist schwer verwundet. Am 10. Juli zum Begräbnis in Laon. Hier ist ein deutscher Friedhof. Das Lazarett war in der höhern Schule, vor dieser ein Denkmal. Laon liegt wunderbar auf einem Bergrücken. Der Dom ist rein gotisch[7]. Zu kaufen gibt es in der Stadt fast nichts. Die Verpflegung bei uns in der Kompanie liess ziemlich zu wünschen übrig, ging aber zuletzt besser. Der neue Kompanieführer war Oberleutnant Feierabend. Viel Besichtigungen. Man hört von der Front oft Kanonendonner. Sieht auch oft feindliche Flieger, die von uns beschossen werden. Der Dienst in der Kompanie wird schlechter. Am 23.7.15 zur Front gemeldet. Am 24. Juli Besichtigung, die sehr gut verlief. Exzellenz Sankel und Exzellenz Löb. Abends im Casino Freibier.

Am 26.7.15 war der Abmarsch nach Bouconville. Unter Führung von Feldwebel des Stabes Schumacher gingen wir morgens fort. Unterwegs war ein altes Römerlager, das zum Teil aufgedeckt lag. Nach dreistündigem Marsch kommen wir in Bouconville an. Hier traf ich meinen früheren Schulka-

---

[7] Die Kathedrale von Laon ähnelt im Stil der Pariser Kathedrale Notre-Dame. Beide gehören zu den ersten rein gotischen Bauten in Frankreich. Als mein Urgroßvater die Kathedrale 1915 betrachtete muss sie wohl in neuem Glanz erstrahlt sein, wurde sie doch bis 1913 über einen Zeitraum von sechzig Jahren aufwändig restauriert.

meraden Waldmann. Ich kam zur 9. Kompanie. Wohnung in Zelten, nicht sehr angenehm. Schön ist in Bouconville der Friedhof, mit etwa 800 Gräbern. Hier ruhte auch mein früherer Rekrut v. Spitz. Am 2. Tage war ich zur ärztlichen Untersuchung in der Stellung. Im Walde viele Blockhäuser. Am 28.7. Beginn der Entlausung. Schöne Badeanstalt am Schloss Beau Chateau.

"Schiesstand in Montaigu", Bleistiftzeichnung auf
Tagebuchseite

Stellung Vanilére (Chemin des Dames)

Am 2.8.15 Einzug in den Schützengraben. Ich wohne mit dem Gefreiten Lührmann drei Meter tief in der Erde. Die Tageswohnung ist oben, aber nicht bombensicher. Am Tage über ziemlich still, nur gegen 5 Uhr gibt es Granatfeuer.

Am 3.8.15 war ich zum Kaffeeholen in der Stabsstellung, war an der Kompagnie und ging durch den Stab zur Küche, wo die Leute antraten. Plötzlich kam heftiges Schrappnellfeuer. Die Geschosse schlugen durch den Dreck und die Kugeln prasselten wie Hagelkörner. Schnell Deckung gesucht, dabei gründlich den Kopf gestossen.

Die Witterung war ziemlich nass, großer Schmutz in den Gräben. Die Franzosen liegen 250m vor uns durch Drahtverhau und Sappen getrennt. Das Leben im Graben ziemlich einförmig.

Die Wohnung ist feucht, haben uns aber ziemlich wohnlich eingerichtet. Mein Gefreiter Lührmann ist ein guter Kamerad und sehr eifrig. Am 6. und 7.

August ist endlich die rückständige Post angekommen. Große Freude! Esswaren von unserem Mütterchen, Zigarren von Lotte. Der erste Brief von meinem Heinzchen. 7.8.15 Nach 12 Tagen ging es wieder herunter zum Kloster „Vauclair"[8]. 14.8.15. Dieses ist riesig ausgedehnt, in romanischem Stil erbaut. Vom Kloster sind die Kirche, sowie das grosse Wohngebäude der Mönche stehen geblieben. Ruinen sehr schön. Die übrigen Gebäude sind neueren Datums und zum Teil geschmacklos, stehen zum Kloster auch nicht in näherer Beziehung.

---

[8] Das Kloster Vauclair war schon 1915 nur noch als Ruine erhalten, wie die Beschreibung und die Zeichnung uns erzählen. Heute sieht das Kloster nicht viel anders aus. Gegründet wurde es im 12. Jahrhundert durch den heiligen Bernhard von Clairvaux. Der Name Vauclair, im lateinischen "vallis clara" deutet nicht nur auf die Landschaft sondern auch auf die Beziehung zur berühmten Mutterabtei Clairvaux (lat. clara vallis) hin. Die Ortschaft Vauclair gründete sich um die Abtei herum wohl erst Ende des 18. Jahrhunderts.

Klosterruine Vauclair, Bleistiftzeichnung auf Tagebuchseite

Das Kloster ist ein Rattennest. Soviel Ratten wie hier habe ich noch nie gesehen. Unter, über und in den Betten, auf dem Dach der Blockhütten, überall wimmelt es von Mäusen und Ratten. Am Tage belästigten uns zahllose Fliegen. Stimmung aber gut. Am 20.8.15 gab es in der Kantine nach dreiwöchentlicher Abstinenz das erste Bier, ein Liter zu -0,65 Mark. Am Samstag den 21.8. ging es wieder hinauf in Stellung. Hier war „Dicke Luft". Am 22. bewerfen uns die Franzmänner mit schweren Kalibern. Wir sitzen stundenlang in den Unterständen und warten ab. Die Erde dröhnt nach jedem Schuss. Der Graben war mit Schutt und Sprengstücken besät. Am 24.8. wurde mein Kamerad „Sebold" verwundet, glücklicherweise nur leicht.

August 1915

Die Tage vergehen ziemlich ruhig im Schützengraben. Ich benutze die Gelegenheit zum Lesen. Klögger, ein lieber Kamerad, wohnt in meiner Stube.

Am 29. August ging es wieder hinab ins Lager. Wir wohnen im „Rattenloch", des nachts krabbeln die Ratten über und unter den Betten hindurch, auch über die Schlafenden hinweg. Höchst ungemütlich. Am hellen Tage sucht eine dicke „Rattenmutter", die unter meinem Bette die quiekenden Jungen im Neste hat, die Gegend nach Brot ab. Dem Rattenvater habe ich das Loch in der alten Klostermauer mit Glas zugemauert. An Dienste ist wenig zu tun, fast nur Arbeitsdienst. Man schläft, isst und liest. Des Abends hat man hier nur wieder Gelegenheit zu einer Flasche Bier.

2. September 1915

Ich bekomme fleissig Liebesgaben, besonders regelmäßig von meinem Mütterlein! Heinz schreibt seinem Väterchen die ersten Briefe. Mein Erlebnis am Donnerstag, den 2. September, Sedantag[9]. Des

---

[9] Der Sedantag erinnert an den 2. September 1870, als die französischen Truppen nahe Sedan entscheidend geschlagen wurden. 20.000 Soldaten fanden den Tod. Frankreich ergab sich einen Tag später.

Nachmittags erhielt ich vom Herrn Feldwebel Amelung den Auftrag, eine Arbeitsgruppe nach der Ferme „Hurtebiese" zu führen. Hier wurde ein großer Scheinwerfer eingebaut. Die Tage hindurch war schon „dicke Luft". ½ 9 Uhr Abmarsch (abends). Der Weg führte bergan durch Wald. Kaum oben am Pionierlager angekommen, da – ein dumpfer Donner, ein pfeifendes, scharfes Zischen, ein betäubender Krach. Etwa 30m hinter uns schlägt eine Granate ein.

Wir spritzen auseinander wie der Blitz und werfen uns glatt hin, springen auf und werfen uns wieder hin, als das unheimliche Zischen noch einmal klingt, da war für uns kein Halten mehr. Nur schnell Deckung. Die Straße stand bald in schärfstem Feuer. Ich sause in der Dunkelheit zur Linken und mit noch zwei Kameraden in einen 2m tiefen Laufgraben hinab. Jedoch nicht weh getan. Wir drücken uns wie die Küken an die Grabenwand, um dem Stein und Splitterregen zu entgehen. Nach einiger Zeit liefen wir aus dem Laufgraben in eine Hütte und blieben ½ Stunde, bis das Feuer verstummte. Nun sammelt sich auch meine Arbeits-

gruppe, 12 Mann. Nachdem sich jeder mit Zement-
säcken und Wassergefäßen beladen hatte, ging es
über eine Deckung zur Arbeitsstätte. Vorbei an der
Ferme. Hier hatten im Januar heftige Kämpfe stattgefunden. Die große Ferme war nur eine grauen-
volle Ruine. Der Weg war schlüpfrig, wurde oft
durch Leuchtkugeln erhellt. Man musste sich stets
hinwerfen. Als das Material abgeladen war, ging es
zurück zur Hütte. Mitten in der Arbeit setzte plötzlich ein scharfer Granathagel ein. Ich wurde durch
den Luftdruck auf den Boden geworfen. Steinsplit-
ter trafen mich, doch nicht schlimm, immerhin hatte ich blaue Flecke und mehrere Tage heftige
Schmerzen in der Schulter. Die Geschosse sausten
mit unheimlichem Krachen und schlugen um uns
ein. Auf der Straße stand ein großer Wagen mit ge-
füllten schweren Minen. Was hätte es gegeben,
wenn ein einziges Geschoss da eingeschlagen wäre. Abwechselnd im Sprung und Hinlegen ging es
in die Hütte. Einem alten Landwehrmann, der dicht
neben mir lag, wurde durch einen Splitter der Rock
gerissen, dass die Fetzen hingen. Als nun ein gewaltiger Regenguss einsetzte, war mit der Arbeit

vollkommen Schluss. Keiner hatte mehr Lust in der "dicken Luft", auch nicht der Pionierunteroffizier. Wir warteten bis ½ 1 Uhr, bis alle sich aus ihren Verstecken einfanden. Wie eine Hühnerfamilie. Wir mussten trotz der Lage oft herzlich lachen. Ein Stunde lang herrschte draußen Ruhe. Wir traten an. Die vom Franzmann bestrichene Stelle betrug etwa 300m.

Diese Strecke sollte im Marsch-Marsch zurückgelegt werden. Die Leute hielten es für unnötig. Ich drängte. Das war unser Glück,. Wir waren schon 200m gelaufen, als der Tanz wieder losging. Nun aber laufen, so rasch habe ich das noch nie gekonnt. Ein Blitz - dann hingelegt auf den Bauch im schlimmsten Dreck. Dann wieder auf. Und so wurde das Manöver etwa zehnmal wiederholt. Wie eine wilde Jagd stürmte jeder voraus, ich als der Schließende natürlich immer hinterher. Nach einer Viertelstunde kamen wir unten an dem Kloster an. Gott sei Dank! Abgezählt - kein Mann fehlte! Dann ging es in die Schlafstätte. Als wir uns besahen - Mensch, wie siehst Du aus, wie die Ziegelbäcker!

Anfang September 1915

Am 3. September erhielt ich meine Ernennung zum Feldwebel und gleichzeitig zum Offizier-Aspiranten. Allgemeine Beglückwünschung seitens der Kameraden. Vorstellung bei den Offizieren der Kompanie "Stab" und "Kriegführung" Oehr, Raren, Raulf. Letzterer lud mich ein, bei ihm Wohnung zu nehmen. Die Blockhütte steht an der Klosterruine, ganz reizend in einer Ecke. Es war ein nettes Plätzchen, begrenzt von grün. Man merkte den Lärm nicht mehr. Am Nachmittag kam der Bescheid, am Samstag hinauf in den Schützengraben, am 4. September. Ich erhielt als Zugführer den 3. Zug. Als ich oben war, bemerkte ich gleich, dass dicke Luft war. Die Zugführerstube lag in der "Hamburgerstrasse"[10]. Die Bude war recht gut ge-

---

[10] Dass das Örtchen Bouconville eine "Hamburgerstrasse" hat, klingt verwunderlich. Es handelt sich auch nicht im eigentlichen Sinne um eine Strasse. Der Stellungskrieg, der zwischen 1914 und 1918 an der deutschen Westfront entbrannt war, ging mit der Anlage sehr weitläufiger Grabensysteme einher. Um in diesem Gewirr die Orientierung behalten zu können,

baut, 3.75m Erde über der Decke. Allem Anschein nach ist sie bombensicher.

In der Wohnung waren noch Unteroffizier Hering sowie der "Putzer" Jumer. Der Graben des 3. Zuges war nicht gut in Schuss. Doch sah ich auch ein, dass er nicht gehalten werden konnte, wie man mochte. Ich verteilte sofort die Posten. Es musste von unserem Zug besonders scharf beobachtet werden, da der Feind in aller Stille eine Anzahl von Sappen über den Drahtverhau getrieben hatte und gleichzeitig einen neuen Schützengraben gebaut . So lag uns der Gegner schon 150m gegenüber. Durch Stollenbau versuchten wir sein Näherherankommen zu verhindern. Am Samstag und Sonntag Abend erhielten wir gewaltiges Artillerie und Minenfeuer. Ununterbrochen sausten die schweren Geschosse über uns, dass der Bau bebte. Der starke Luftdruck der platzenden Geschosse wirkte gewal-

---

gab man den Gräben einprägsame Straßennamen, sogar richtige Namensschilder wurden montiert. Die Hamburgerstrasse ist also ein Grabenabschnitt in der Stellung, und keineswegs eine Strasse im eigentlichen Sinne.

tig, Holzstücke, Stein- und Erdklumpen sowie Stahlsplitter sausten herunter und füllten teilweise die Gräben. Man fühlte sich selbst im Unterstand nicht sicher. Hier wirkte besonders der kurze Gustav[11], der besonders gefürchtet war. Abschuss und Einschlag waren gleich. Die Posten der Nacht retteten sich, sobald sie den Blitz sahen, mit einem Satz in den Unterstand. Im Graben bewegte man sich, indem man von Loch zu Loch sprang. Auf den Ruf der Posten "Gustav" sauste alles in die Löcher.

Gewaltig krachten die grossen Minen. Man hörte dumpf den Abschuss, dann vergingen etwa 20 bange Sekunden. bis zum Einschlag. Wo mochte das Geschoss krepieren? Da - ein fürchterlicher Krach, dann ein heftiger Luftdruck und ein gewaltiger Schuttregen und dann Totenstille. Die Nerven waren furchtbar in Spannung; selbst den Mutigsten bebte das Herz. Jedoch hätte keiner seinen Posten verlassen, davon wäre ich fest überzeugt. In der ersten Nacht erhielten wir auf den Zug 120, in der

---

[11] Der "kurze Gustav" ist eine kleine mobile Feldhaubitze.

2. Nacht 160 Granaten u. Minen. Der Graben mit den schön geschichteten Sandsäcken total vernichtet, Schulter und Brustwehr grösstenteils zerschossen. Sogar die angeblich bombensicheren Postenstände waren zum Teil vernichtet. Eine riesige Flügelmine war von der Böschung heruntergefallen in den Graben, dann in einen Unterstand, ohne zu krepieren. Während der ganzen Wache erhielten wir heftiges Feuer, Tag und Nacht. Von Ruhe konnte keine Rede sein. Ein kräftiger Schluck, den "Mütterchen" geschickt hatte, beruhigte ab und zu die Nerven. Leider mussten auch einige Kameraden ihr Leben lassen. Die Unterstände waren von den schweren Geschossen durchschlagen. Die rege Tätigkeit des Feindes verursachte unsererseits eine scharfe Beobachtung. Die höheren Offiziere der Brigade waren jeden Morgen in meinem Zuge, den sie als den gefährlichsten der Division bezeichneten. Am Samstag morgen kam die ersehnte Ablösung. Kaum waren wir unten, als der Franzmann das Kloster mit 15cm Granaten bewarf, glücklicherweise ohne Schaden. Die Geschosse verursachten riesige Sprengtrichter. Wir flüchteten in

die Keller. Am Sonntagmorgen war Gottesdienst in den alten Klostermauern. Wir freuten uns sehr auf die eindrucksvolle, erhabene Feier. Nachmittags begruben wir zwei gefallene Kameraden in Luison-ville. Der feindlichen Beobachtung wegen war die Leichenfeier abseits unter Bäumen.

Jetzt wurde es in der Stellung ruhiger. Am Samstag Abend um halb neun waren die französischen Grä-ben von unserer Artillerie und den Minen befeuert worden. Vom Kloster aus konnten wir das erhabe-ne und doch furchtbare Schauspiel sehen. Feurige Minen, grelle Lichtstrahlen der platzenden Ge-schosse, furchtbares Donnerkrachen und gewaltige Rauchwolken vereinigten sich zu dieser Vorstel-lung. Die anschliessenden Tage wurden ruhig, so dass man sich erholen konnte.

Vom 18. - 25. September 1915

Am Dienstag den 18.9. lösten wir die 11. Kompa-nie ab. Als wir des Morgens ankamen, waren die Gräben in trauriger Verfassung. Da hiess es aber schuften. Und wenn die Beschiessung nur einigermassen nachliess, wurde gearbeitet. Und wir kamen damit sehr gut voran. Ein Schmerzenskind für den Zug war der 80m vor dem Schützengraben vorgetriebene Sappengraben[12]. Der Gefährlichkeit halber wurde er daher mit 4 Posten, 1. Unteroffizier. und 1 Offizier. bez. Offizier-Diensttuer besetzt. Schon das Hineinkriechen durch den Stollen war allerlei Arbeit. Wie oft stiess man sich den Kopf. Am letzten Ende war ein Schacht, der zum Graben führte. Eine Bewachung des Grabens erforderte eine grosse Nervenanspannung. Fortwährend schlichen Patrouillen herum, die mit Handgranaten beworfen wurden. Hinter dem Gang, 5m vor, befanden sich die feindlichen Sappenköpfe. Da musste scharf aufgepasst werden, kein Wort laut gesprochen, die Handgranaten in der Hand. Ich setzte es durch, dass auch die anderen Züge auf Sappenposten kamen. Die Nacht vom 21. zum 22. September war die schlimmste auf Posten von 10:30 - 1 Uhr. Anfangs war es ruhig, dann setzte der "kurze Gu-

---

[12] Sappen sind kleinere und schnell ausgehobene Gräben, die eine Annäherung an den Feind ermöglichen sollen. Sie waren im Allgemeinen kleiner und schlechter befestigt.

stav" ein und zwar etwa 20 mal. Das sauste und prasselte über den Graben. Alles stürzte herunter, fast halb taub. Nach kurzer Zeit war alles wieder auf seinem Platz. Ich beruhigte die Posten, besonders am rechten und linken Flügel.

Da rief mich wieder der Posten herauf. Als ich schon im Schacht war, prasselte eine Lage über meinen Kopf hinweg. Der Schutt regnete über meinen Körper. Doch hielt ich mich an der Leiter fest. Nach links herüber gehend, kroch ich dann durch den zerschossenen Graben über ein eingefallenes Stück. Als ich den Posten anrief, liess er eine Handgranate, die er schon werfen wollte, sinken. Wie ich nachher erfuhr hatte der Posten mich für einen Franzmann gehalten und die Granate nach mir werfen wollen. Erst durch meinen Anruf hatte er mich im letzten Augeblick erkannt.

 Als ich wieder nachts im Graben war, wurden wir abermals von einer Ladung überschüttet. Wir legten uns platt in den Graben, ich in einer besonders unangenehmen (anrüchigen) Lage. Ein Posten lag halb auf mir. Die nächsten Tage vergingen unter beständigem Feuer. Doch gewöhnte man sich an die Schiesserei, d.h. die ewige Nervenanspannung und die schlaflosen Nächte machten nervös.

24. zum 25. September 1915

Doch blieben wir ohne Verluste, und der Graben konnte in Ordnung gehalten werden, dass man seine Freude daran hatte. Dann kam der böse 24. September. Ein gefangener Franzmann hatte Andeutungen gemacht, dass heute ein Angriff geplant wäre. Obwohl die Angaben sehr unklar waren, sahen wir uns doch scharf vor. Des Mittags nach dem guten Essen wollte ich mich für einige Stündchen stärken. Kaum lag ich, als die Bummserei losging. Erst bescheiden, dann immer heftiger werdend, bis das schwerste Feuer ohne Unterbrechung im Gange war. Namentlich waren es Minen, die mit unheimlichem Krachen herunterkamen. Man hörte den dumpfen Abschuss. Dann folgte eine Minute atemlose Spannung. Wo mochte das Geschoss einschlagen. Dann folgte der scharfe Knall, Stein und Erde wurden haushoch geworfen. Die Pulverdämpfe und der Staub kamen in die Unterstände. Die

Kehle war trocken; selbst die Pfeife schmeckte nicht mehr. Unsere arme Hamburgerstraße wurde besonders unter Feuer genommen. Ein Durchgehen war unmöglich. Der Unterstand selbst war gut. Zwei schwere Granaten schlugen gerade in die Sandsackmauer vor dem Eingang ein. Zweimal ein furchtbares ohrenbetäubendes Krachen. Durch den herumfliegenden Schutt war die Bude stockdunkel, voll Staub und Rauch. Das Brett am Eingang hatte wacker ausgehalten und den Schutt festgelegt. Doch konnten wir da nicht mehr heraus, nur der Nebenstollen war offen. Wir saßen im Unterstand mit sieben Personen und erwarteten den Ansturm des Gegners. Wir hätten den aber ausgehalten. In der Stimmung waren wir alle. Das Feuer, das oft wie Trommelwirbel klang, donnerte bis 7 Uhr, dann liess es nach. Nur der kurze Gustav kam von Zeit zu Zeit. Wie sah unser Graben aus! Am schlimmsten die Hamburgerstrasse. Diese war einfach umgepflügt. Der Hauptgraben hatte auch arg gelitten, jedoch aber nicht so, wie man denken sollte. Die Unterstände waren ziemlich ganz, auch nur geringe Verluste. Stur ging es ans aufräumen. Von

8-10 Uhr saß ich in der Sappe, die zum Sprengen vorbereitet wurde. Im allgemeinen war die Zeit ruhig. Und schon freute man sich auf eine ruhige Nacht. Aber weit gefehlt - Um halb elf setzte das Feuer wieder ein, das ununterbrochen bis zum frühen Morgen tobte. Um 6 Uhr kam die Ablösung. Gott sei Dank! Leider gab es bei der Ablösung noch Verluste. Dann gab es von unserem Unterstand bis zur Elbestrasse ein Rutschen und Kriechen durch den vom Regen getränkten Schutt. Ein dicker "Blindgänger" lag friedlich im Wege. Im Schweiss gebadet, kamen wir im Lager an, sammelten uns und gingen nach Louisonville ins Quartier. Dort wohnte ich im Regimenthaus. Zimmer sehr fein. Nun konnte man tüchtig im richtigen Bett schlafen, sich sogar ganz ausziehen.

Am folgenden Tage wurde im Schlossteich (Beau Chateau) ein erfrischendes Bad genommen. Gegen Abend gab es noch eine kleine Aufregung, als einige Granaten, aber ganz dicke, über unser Haus sausten und ins Schloss fuhren. Dort einige Verluste. Gegen Abend liess die Schiesserei nach. Wir waren stets alarmbereit. Die beiden folgenden Abende brachten wir höchst gemütlich zu beim Herrn Stabsfeldwebel Brenner. Am vorletzten Abend leerten wir ein Fässchen Bier. Donnerwetter, das schmeckte! Nun konnten wir uns auf neue Grabenerlebnisse vorbereiten.

Anfang Oktober 1915

Stille Zeit im Graben, d.h. im Verhältnis ruhiger geworden wie in den Wochen vorher. Am 29. September gingen wir hinauf in den Graben, diesmal an den rechten Flügel des Bataillons. Wie zerschossen sah das Stück des 3. Zuges aus! Man hätte weinen können. Dünner Regen. Zur Revision durch den Zug brauchte ich 1 1/2 Stunden. Es ging nur kriechend vorwärts. Während dieser Zeit heftiges Feuer. Ich schlüpfte von Unterstand zu Unterstand, schmutzig und in Schweiss gebadet. Die Gefahren machen den Körper warm. Die Kerls lachten, wie ich auf dem Bauche rutschte. Und doch ging es verfligst nicht anders, der "kurze Gustav" nimmt keine Rücksicht. Unsere Wohnstube war schlecht. So oft habe ich noch nie meinen Kopf gestossen. Tag und Nacht musste tüchtig im Graben geschafft werden.

Und die Sache ging auch gut voran, der Graben war völlig verteidigungsfähig. Ablösung erfolgte alle 4 oder 5 Tage. Bei der nächsten kam Feldwebel Steinhoff mit in unseren Zug. Wir suchten eine neue Bude, 3m lang 2 1/2 m breit 1m hoch. Drei Mann in der Bude, ich im Stollen. Dort wohnten muntere Mäuslein, die mir über das Gesicht liefen. Da war ich aber böse. Hätten die wenigstens solange gewartet, bis ich geschlafen hätte. Aus allen Ecken, namentlich aus der Nebenbude ertönt mächtiges Schnarchen. Ich schnarche auch, wie es sich für einen gesunden Soldaten gehört. Die Nachtwache teilen wir zu drei Teilen. Am ersten Tage wird unsere Bude gestützt und an einer Seite vertieft. So konnten wir doch wenigstens die Beine lassen.

Auch ein Tisch wurde hergestellt und das Innere der Ecke mit Papier austapeziert. Motto beim Eintritt: "Beuge, stolzer..." usw.[13] Die Worte kommen mir nicht aus dem Sinn. Wir verbrachten die Zeit plaudernd, schlafend, essend. Auch bemühten wir uns, Kameraden u. Kollegen Rosenkranz das Skatspiel beizubringen. Als wir wieder in Ruhestellung waren, bemühten wir uns um den neuen Budenbau. Der Schritt richtig vorwärts, nur fehlte es an Brettern. Bald wird alles fertig sein. Am 14.10. Feier des heiligen Abendmahls, am 17. Gottesdienst. Wir freuten uns stets auf den Kirchgang. Das hätten die ehemaligen Mönche sich wohl nie gedacht,

---

[13] *Beuge stolzer Sicamber* nun *dein Haupt und unterwirf es dem sanften Joche Christi! Bete an, was du bisher verbrannt hast, und verbrenne, was du bisher angebetet hast!"* Dieser Satz wird Bischof Remigius von Reims zugeschrieben, der diesen Ausspruch bei der Taufe Chlodwigs I. um das Jahr 500 herum getan haben soll. Chlodwig I. entstammte dem Geschlecht der Sicamber und war sicher einer der bedeutendsten Merowingerkönige und Beherrscher des Frankenreichs. Er machte Paris zur Hauptstadt des Frankenreichs und einte dieses durch Ausschaltung der verbliebenen Kleinkönige. In einer schlussendlich siegreichen Schlacht gegen die Alemannen bei Zülpich soll er den Christengott angerufen und um Hilfe gebeten haben, nach dem Sieg konvertierte er dann zum Christentum und gab seinen alten germanischen Glauben auf. Diese Taufe nahm Bischof Remigius vor. Ob es in der Allusio meines Großvaters letztlich nur um das eigene Beugen des Hauptes zum Schutz vor dem tiefhängenden Eingang ging, oder ob er auf die Ur-Auseinandersetzung um das Frankenreich anspielt, bleibt im Dunkel.

dass tausend Jahre nach Ihnen man in den Klostermauern so würdig Gottesdienst hielt.

Eine weit gestützte Halle in romanischer Bauart.
Der Boden war sandbestreut. An der Seite eine ge-
zimmerte, stets grün geschmückte Kanzel. So ver-
sammelten wir uns im weiten Raum, Offiziere und
Mannschaften. Ich glaube kaum, dass jemals eine
größere Aufmerksamkeit in der heimatlichen Kirche herrschte. Der Geistliche verstand es auch. Ich
bin der Meinung, dass mancher, der den Krieg in
seiner Art kennen gelernt hat, das Ewigkeitslichte
gemerkt hat. Ohne unseren Herrgott geht es nun
einmal nicht. Woher soll unser Volk und jeder ein-
zelne die Kraft schöpfen, wenn nicht aus der Kraft,
wie sie Christus gibt. Wie oft hat man den Tod vor
Augen gesehen. Manch lieber Kamerad liegt unter
dem Rasenhügel zu Bouconville. Wohl tausend
Gräber gibt es hier allein. Das Blut ist nicht verge-
bens gebraucht worden; auf allen Fronten geht es
ja weiter. Ein einfacher Sarg mit Grün geschmückt
als Gefolge ein paar Kameraden! Frisch vorwärts,
es kommt auch noch die bessere Zeit! In diesen
Tagen fährt mein "Mütterlein" mit Heinzchen nach

Neviges. Wie oft ich an die Lieben daheim den-
ke![14]

Ende Oktober 1915

Die letzten Tage im Oktober waren auch jetzt wieder ruhiger. Die Kraniche ziehen ab. Franzmann
beschiesst die abziehenden Langbeine mit Maschi-
nengewehren. Warum? Weiß niemand. In den Unterständen wurde es mit der Zeit recht kühl. Die
Mäuslein werden immer zahlreicher. Da kam ein

---

[14] Sicherlich eine der interessantesten Stellen in dem Tagebuch
meines Urgroßvaters. Offensichtlich noch durch die Stimmung
des Gottesdienstes in eine Melancholie versetzt, schreibt er
hier ein zum ersten Mal Gedanken auf, die über eine einfache
Beschreibung der Faktenlage hinaus gehen. Gott-Krieg-Fami-
lie, geprägt von diesem Dreiklang hat mein Urgroßvater vielleicht einen großen Teil seiner Kriegszeit erlebt. Den Tod stets
durch sterbende Kameraden vor Augen. Aber im Herbst 1915
scheint auch der Sinn des Krieges noch außer Frage zu stehen.
"An allen Fronten geht es ja weiter". Erste Rückschläge schei-
nen den Soldaten also bekannt zu sein, so lässt sich dieser Satz
jedenfalls deuten. Aber auch: Ich würde eigentlich gerne auf-
hören und nach Hause gehen, aber die Pflicht und das Ziel des
Sieges erhalten die Motivation. Tod, das betrifft nicht nur die
Kameraden, der Blick schweift auch zu der Möglichkeit einer
eigenen Beerdigung. Dieser "Heldentod" scheint zumindest
für den Augenblick der Niederschrift auch akzeptabel, wird
dann aber durch den Gedanken an Frau und Kind schnell ver-
scheucht. eine zweite ähnlich nachdenkliche Stelle findet sich
nicht im gesamten Tagebuch.

Retter in Gestalt einer fleißigen Katze in den Unterstand. Mietzchen war sehr eifrig in der Arbeit, deren Folge man bald spürte. In den letzten Tagen, als wir in Ruhestellung waren, bezogen wir die neue Hütte. Diese war außerordentlich nett eingerichtet. Wie würden die Nachfolger sich freuen. - Alles sehr im Zeichen des bevorstehenden Umzuges. Noch zwei Tage im Graben, dann geht es ab. 29.10.15

Der Umzug findet statt. Mit ziemlich schwerem Gepäck ziehen wir ab über Festieux und Coucy-les Eppes. Wir haben ziemlich stark geschwitzt, da man das Laufen doch nicht mehr gewohnt war. Gegen Mittag kamen wir an. Wir wohnten ziemlich gut in einem verlassenen Hause. Da dort ein ganzer Zug wohnte, war Lärm genug. Am 30. war abends Feldgottesdienst, anschliessend ging ich zum Kompagnieführer und verlebte dort mit mehreren Herrn einen ganz angenehmen Abend. Am folgenden Abend erhielt ich zu meiner grössten Überraschung die Nachricht von meiner Beförderung zum Offizier Stellvertreter. Am selbigen Abend stellte ich mich auch vor, auch beim Herrn Major Buchholz.

Am 1.11. rückten wir mit der Bahn ab über Laon, Hierson. In Avesnes war tadelloses Mittagessen.

Anfang November

Nachher fuhren wir über Maubeuge, Jeumont nach Erquelinnes. Hier wohnte ich im Hause eines Arztes., der aber nicht mehr da war. Das Zimmer war tadellos, noch schöner das Bett. Das tat wohl, sich mal wieder ordentlich stärken zu können. Den Genuss eines Bettes hatte man lange vermisst. Die Gegend hier ist sehr industriereich und wohlhabend. Täglich wurden weite Märsche gemacht. Die Spuren der Kämpfe vom vorigen Jahr waren noch sehr zu sehen in Colleret, Boussois usw. Hübsch liegt der Ort Solre-sur-Sambre. In unserem Dorfe befand sich eine große Anzahl von Cafes, das waren fast alles öffentliche Häuser, Brutstätten der Unsittlichkeit - Wir verlebten in dem Dorfe ziemlich anstrengende aber sonst gute Tage. Wir hatten einen vergnüglichen Mittag- und Abendtisch im Casino (Leutnant Windguss, Major Gagemann, Scherzberg), letzterer war ein Witzbold. Mit den

Feldwebeln der Kompanie war gut auskommen (Kaiser, Gröthe, Pütz, Schrader). Letzterer war ein Kollege. Nach langer Zeit erhielt ich auch die erste Post von meinem Mütterchen. Es fehlte mir an nichts, bloss an meinem lieben Frauchen nebst Männlein. Bei mir zu Hause war ein Verwalter, oft Krach im Eheleben. Ende November zu einer Cirkusvorstellung in die Großstadt Charleroi.

November - Dezember 1915

Das militärische Leben vollzieht sich wie in der Garnison. Morgens sind in der Regel größere Ausmärsche in die Umgegend, dazu sind des öfteren Besichtigungen, namentlich durch Major Buchholz. Während der Zeit waren wir in dem Fort "Cerfontaine" Dieses war im vorigen Jahr durch die schwere Österreicherartillerie völlig zerschossen worden. Gewaltige Geschosstrichter zeugen von der Wirksamkeit der schweren Geschütze. Ebenfalls zerstört war das Fort Boussois. Im Ort gleichen Namens waren die Häuser größtenteils zertrümmert. - Am 3.12. war ich zum Zahnarzt in

Mons! Mons ist eine bedeutende Industriestadt. Dort habe ich mich auch photographieren lassen. Auf dem Rückwege eine Station vor Maubeuge aus Versehen ausgestiegen. Bei stürmischem Wetter ging es des Abends nach Maubeuge, eine Stunde. Hier traf ich den Feldwebel Kuhlen sowie Unteroffizier Stender. Am 6. Dezember. begann der Reitunterricht in Solre-sur- Sambre. Die Sache macht viel Spass, obwohl sie fürs erste etwas aufregend ist. Am 21. Dezember machten wir einen Ausflug in die Umgegend. Das Wetter war trüb; im flotten Trab ging es voran. Als wir heimkamen, wussten wir, dass wir bald von Erquellinnes scheiden mussten.

Weihnachten 1915

Am 23. September morgens 6 Uhr war die Abfahrt über Maubeuge, Sedan. Zu "Dun" stiegen wir aus, 4 Uhr. Dann gab es einen Fußmarsch von 27km nach Damvillers, dieser war mit vollem Gepäck anstrengend. Abends um 11 Uhr kamen wir bei strömendem Regen an. Die Unterkunft war denkbar schlecht, die meisten lagen auf dem blanken Erdboden. Ich hatte Glück, war mit Offizier Stellvertreter Schmittger in einem richtigen Bett. Die Besitzerin, eine Bäckersfrau, war recht ruppig, als unser Putzer auch im Hause schlafen sollte. Am folgenden Tage zogen wir in ein verlassenes Haus. Hier war es ganz gut. Den heiligen Abend feierten wir bei einem Bäumchen in einer Kantine. Des nachts um 12 Uhr begann eine heftige Kanonade der schwersten Geschütze. Die schweren Geschosse sausten über das Haus. Anscheinend waren es Blindgänger. Nach einer Stunde hörte der Lärm auf, und wir konnten schlafen. Der Weihnachtstag war im Regen. Am 2. Feiertag begannen wir mit

Das Kampfgebiet nördlich von Verdun

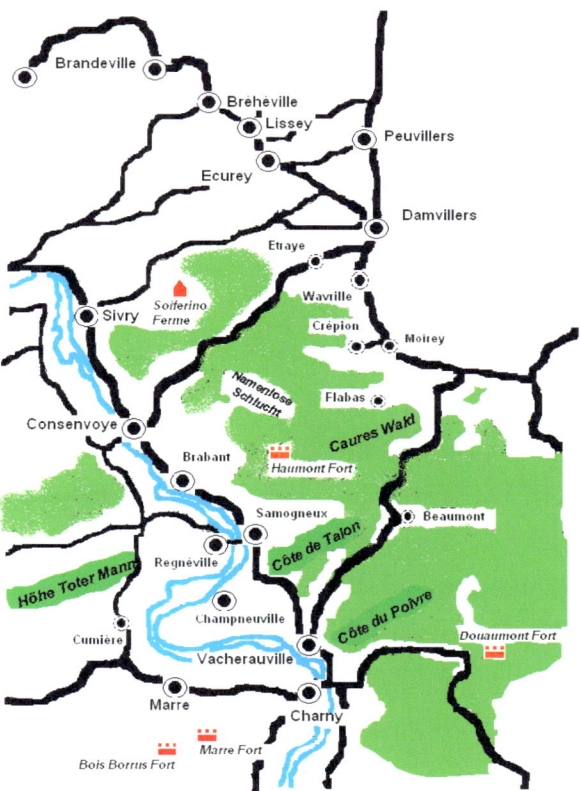

Detailansicht des Kampfgebietes nördlich Verdun, zusammengestellt und digitalisiert nach alten Karten

65

der Arbeit, die zerschossenen Häuser auszuräumen, sowie die Strassen in Ordnung zu machen. Nach einigen Tagen machten wir aber Schluss und gingen nach Ecurey ins Quartier. Die Unterkunft war schlecht, die Bude dunkel. Schlafgenosse war Kamerad Schnitzer. Einen schönen Abend verlebten wir in Lissey, als die Jahreswende herangekommen war. Um 4 Uhr morgens 1916 gingen wir nach Hause. Nachmittags ging es nach Crepion.

Anfang Januar 1916

Das Dorf ist in einem elenden Zustand, zerschossen und äußerst dicht belegt. Wir waren mit sechs Offizieren. bzw. Vertretern in einer Bude. Der Ofen rauchte, jedoch hatten wir viel Freude. Es wurde Skat gedroschen, auch des Nachts einmal zwischen 1-3 Uhr, nachdem wir im Bett vorher "gereizt" hatten. Leutnant Scherzberg, Lugtken, Offiziert Stellvertreter Schnitzer. Tagsüber ging es hinauf in Stellung, zum Bau von Befestigungen. Der Schmutz war ungeheuer, der Regen lästig. Schwierig war der Aufstieg auf den Berg und durch den dunklen Wald während der Nacht. Stolpernd ging es hinauf über den Knüppeldamm, patschend ging es durch die Pfützen oft über die Knöchel hinauf. Jedoch war die Stellung im Vergleich zu früher gut. Wenig Feuer.

Mitte Januar 1916

Am 17. wurde ich vorübergehend zur 11. Kompanie versetzt, Leutnant Korfmann. Am 18. machte ich den Weg zur dortigen Stellung bei Flabas. Das Dorf ist total zerschossen, kein Haus mehr ganz. Nur die Kirche ist noch unbeschädigt. In der Stellung gab es am "Franzosengrab" viel Feuer. Man lag dann oft im Schmutz flach auf dem Boden, oder man verkroch sich in die Erdlöcher, die dicken Bäume waren von Granaten wie Streichhölzer umgeknickt. Viele Granattrichter am Waldrand. Da oft Regentage waren, war man durchnass, besonders am 20. Januar. Morgens um 7 Uhr Abmarsch durch eiskalten Sprühregen, Ortschaften: Moirey, Flabas. Das Wasser konnte man aus dem Stiefel giessen, als ich mich im Unterstand trocknen wollte.

Der Nässe wegen rückten wir mittags ab nach Wavrille. Hier wohnte ich leidlich. Am 18. geriet ich in das Feuer der Ballonabwehrgeschütze. Französische Flieger wurden beschossen. Auf der Landstraße stellte ich mich unter einen Baum, den Mantel auf den Kopf gelegt. Die Stücke sausten kurz vor mir herab. Am 22. Januar kamen wir in Ruhe nach Ecurey, Unterkunft leidlich. In diesem Orte wurde täglich gebaut und gezimmert, um Unterkunft zu schaffen. Die Tage waren bei dem schönen Wetter ganz angenehm. Spaziergänge durch die Wälder. Hier kamen Wildschweine vor. - Am 27. Januar feierten wir in Lissey Kaisers Geburtstag. Um 10 Uhr war Gottesdienst, dann eine Ansprache von Major Buchholz. Anschliessend war ein einfaches, solides Festessen im Kasino. Dann wurde etwas lange nachgefeiert bis 11 Uhr abends. Des Nachts mächtig meinen Kopf "gebumst" an einem Brett über dem Bette. Am 29. Januar ging es wieder nach Wavrille. Von hier pilgerte ich jeden Morgen in Stellung. Es wurden Laufgräben und Schützengräben ausgehoben. Es stand etwas wichtiges in Aussicht. Ununterbrochen rollten Geschütz und Munitionskolonnen über die Strassen, endlose Züge, Tag und Nacht. Riesig war die Anzahl der dicken Mörser. In der Stellung wurden wir wenig beschossen, da wir gedeckt waren. In Wavrille wohnten wir der Kirche gegenüber. Eines Tages brach ein Stück der Decke ein. Ein Mann hatte darauf gesessen und brach durch, Die Beine baumelten durch die Decke. Passiert ist aber nichts schlimmes. Draussen ist starke Fliegertätigkeit. Am 7. Februar rückten wir ab. Abmarsch über Ecurey, Lissey, Bréhéville, Brandeville nach Murvaux. Dieses ist eine kleine Stadt. Wir wohnen mit der Kompanie in der Schule. Leutnant Raulf und ich im Konferenzzimmer. Die Schulklassen dienen als Wohnung für die Züge. Im Ort sollen wir einige Tage bleiben.

Mitte Februar 1916

Wir üben täglich auf einem Hochplateau. Die Gegend ist sehr romantisch. Gegenüber liegt ein ho-her Bergrücken, Cote Saint Germain. Dieser fällt auf allen Seiten steil ab, 350m hoch.

Man hat von dort einen wundervollen Ausblick auf Dun, Stenay und ins Maastal, das überschwemmt ist. Durch anhaltenden Regen wurde unser Abmarsch zur Front verhindert. Es goss in Strömen. Schon waren wir angetreten mit Sturmgepäck, als es wieder ins Quartier ging. Mein Geburtstag war sehr still. Ich dachte viel an meine Lieben daheim, an mein liebes Mütterlein, besonders an den lieben Schelm, der krank an Blinddarmentzündung lag. Viele Sorgen. Gott sei Dank, dass das Bürschchen auf dem Wege der Besserung ist. Unserem armen, alten Vater geht es so leidlich. Die freie Zeit nutzten wir um der Musik der Kapelle zuzuhören. Dann wurde viel Skat gedroschen. Viel Dusel!

Geschrieben in Livrey am 25.4.16 (Nach Tagebuchblättern) (Schlacht bei Verdun)[15]

---

[15] Einschub - 2 Monate ohne Tagebuch

Die letzten Zeilen kündigten es schon an - es herrschte Anfang Februar offensichtlich die sprichwörtliche Ruhe vor dem Sturm. Es wurde exerziert oder geübt, und mein Urgroßvater beobachtete die Verlegung großer Mengen an Artillerie in die

Am 21.2. begann die Kanonade um Verdun. Nun ging es los. Es war am Montag morgen. Um 10 Uhr beim schönsten Wetter Abmarsch über Brandeville, Bréhéville nach Etraye. Die Kanonande war furchtbar, ununterbrochen. Des Nachts kamen wir in die dortigen Holzbaracken. Von Schlaf keine Rede. In den Bretterbuden hörte man jeden Ton. Um 2 Uhr nachts ging das Bataillon unter Führung von Oberstleutnant Grote vor, über Martinskreuz. Dann ging es an der Eiche vorbei zur feindlichen Stellung. Es war kalt und es schneite. Da begann plötzlich ein furchtbares Sperrfeuer. Rechts und links schlugen die Granaten ein. Grosses Durcheinander. Alle suchten Schutz im Haumontwald. Dann ging es nach rechts zur namenlosen Schlucht.

Das Feuer im Walde war furchtbar. Bäume brachen wie dünne Hölzer. Die Folgen der schweren

---

Umgegend. Auch die Beschreibungen der zerschossenen Dörfer und Städte, der geographischen Gegebenheit zahlreicher Bergrücken und Täler lassen erkennen, dass es sich um schwieriges und stark umkämpftes Gebiet handeln musste. Tatsächlich hat in den zwei folgenden Monaten, die ohne Tagebucheintrag geblieben sind und nur im Rückblick beschrieben werden, eine der blutigsten Schlachten des ersten Weltkrieges rund um den Wald von Verdun stattgefunden.

Beschiessung sah man an den mächtigen Granatlöchern. Der Wald war von endlosem Drahtverhau durchzogen. In der Mitte des Waldes war eine starke Befestigung, die von unserem 159. Regiment gestürmt war. Alles ein Bild der Verwüstung. Unsere Verluste waren leidlich. Dann kam das Nachtlager im Wald. Wir lagen zu 5 Personen in einem feuchten französischen Unterstand. Eng aneinandergepresst schlief man einige Stunden. Warmes gab es nicht, die Gräben waren durch Flammenwerfer ausgeräuchert worden. - Am anderen Morgen ging es über Berg und Tal zu den Brabanter Höhen. Merkwürdigerweise wurden wir erst beschossen, als wir eben im Graben waren. Vor uns ein wunderbares Bild. Die Höhe von Samogneux rauchte wie ein Vulkan. Unsere schweren Mörser schossen nach Samogneux und Regnéville. Dicker Qualm lag über den Ortschaften. Häuser barsten auseinander, Bäume zersplitterten. Das Wasser der Maas und des Kanals zischte durch die Geschosse hoch auf. Schrapnells bewerfen die abziehenden Franzosen, die große Verluste hatten. - Nachts Abmarsch nach Jägerquelle im Wald. Dort Lager auf dem Schnee. Dann Abmarsch und Eintreffen um 6 Uhr morgens in Étraye. Hier schmeckte der Kaffee, der erste nach ein paar Tagen. Abmarsch nach Murvaux, nachts furchtbare Kopfschmerzen. Am 25.2. Abmarsch zur Front. Nachts Lager in Bréhéville. Ich hatte mich wieder so leidlich erholt. Dann ging es über Flabas zum Caureswald.

Wald furchtbar verwüstet, voll von Leichen. Es regnete in Strömen. Zwei Biwaks auf dem verwüsteten Waldboden. Von Ruhe keine Rede. Des Morgens stand man früh am Feuer. Dann Abmarsch zum Pfefferrücken. Die Marschstrasse war überfüllt, überall Tote, viel Pferdekadaver, zerschossene Wagen, Kanonen usw. - Am Pfefferrücken "dicke Luft". Keine Unterstände, nur lose Hütten. Verpflegung war schlecht, zu gefährlich, Feuer von der Flanke, ganz unerträglich. Nachts wurde geschanzt. Gefecht mit Franzosen, 200 Gefangene. Eines Tages im starken Feuer Relais stellen, stundenlang im halbausgegrabenen Graben auf dem Bauche liegend. Das Anlegen des Grabens in dunkler Nacht in dem festen Boden war äußerst

schwierig. Ein Tag Wache im Graben war verlust-
reich. Von 60 Mann meines Zuges waren acht tot
und verwundet. Am 8.3. im Lager furchtbares Feuer, es war unerträglich. Wir verloren auf dem Pfefferrücken ein Drittel der Kompanie. Keine Nacht
Ruhe. Am 12.3. Ablösung zur Cainequelle.
Schlechte Unterstände, doch etwas mehr ruhe.
Dann Abmarsch nach Charny. Wohnung im Keller
etwa 12 Tage. Nachts Wachen, Schützengräben
ausheben. Die Stellung am Kanal und Maas war
ganz interessant, besonders am Fährhäuschen.
Zwei Treffer in unser Wohnhaus. Ein Mann neben
mir im Keller verwundet. Fischefangen im Kanal
mit Handgranaten. Quartier voller Läuse.

Am 28.3. Abmarsch in die Mörserschlucht[16] von
Samogneux. Stockdunkel, Weg am Kanal durch
Granaten zerstört., Kompanie auseinandergerissen,
5 1/2 Stunden lang. Wir wohnen in französischen
Unterständen, zuerst Bett auf dem blanken Fussbo-
den. Dann wurde Feuer im Kamin gemacht, und

---

[16] Mörserschlucht: Sie befindet sich im Fay-Wäldchen, etwa
800 m westlich Beaumont.

die Bude war grossartig. Nebenan eine Quelle, schön zum Waschen. Die Pakete treffen von meinen Lieben recht zahlreich ein. Am 1.4. Versetzung zur 10. Kompanie. Unterstand in der 10. Kompanie sehr mässig. Wetter sehr schön. Am 4.4. zum Entlausen nach Crépion. Leutnant Schmitz Ortskommandant. Sehr freundliche Aufnahme. Die Scheune war abgebrannt, 24 Sanitäter tot. Beim Rückmarsch starker Regen, durchnass. Am 5.4. Abmarsch nach

Vacherauville. Das grosse Dorf vollkommen zerstört. Wir wohnen ständig im Keller. Viel Feuer, totes Vieh, auch Franzosen tot. Hinter unserem Hause eine grosse Scheune, mit zerschundenen Pferden, daneben ein grosser Blindgänger. Am 9.4. sehr schwerer Tag. Angriff auf den Pfefferrücken. Wir Bereitschaftsstellung. Außerordentlich schweres Feuer auf Dorf, Graben und Höhe. Wir assen des nachts beim Kompanie-Führer. Der Weg durch das Dorf in finsterer Nacht war eine Hölle. Immer Feuer, Dorfstrassen voller Trümmer. Beim Feuer legte man sich im grössten Schmutz hin. Die Splitter sowie Steinbrocken sausten um den Kopf. Man springt von Haus zu Haus.

Die Nacht zum 10.4. am schlimmsten. Um 3 Uhr nachts zum Graben unter höchster Lebensgefahr, zuerst zur Brücke, danach 3/4 Stunde. Ein Treffer in den Flusskahn, mit Munition. Diese explodierte. Das Ganze war eine Hölle. In der Nacht zum 12.4. Patrouille in das Gelände zwischen Maas und Kanal. Wichtige Feststellung, Anerkennung vom Major. Nach einer Nacht Wiederholung, durchnass, Schrapnellfeuer. Am 15.4. Aufenthalt im vorderen Graben, enges Loch, immer Feuer. Starke Beschiessung unseres Unterstandes. Nacht vom 17. zum 18. April. Der Tag vorher war ruhig. Des Nachts, als ich in dem kleinen Hause am Garteneingang stand, ein Volltreffer ins Haus.

Die Granate krepierte vor mir auf der Erde. Zurückgeschleudert, betäubt, voll im Schutt. Flucht zum Unterstand. Nur kleine Schramme an der Hand, mein Begleiter an der Schulter, auch dessen Gehör gelitten. Aufenthalt an der Brücke. Schwere Treffer in Haus. Dieses brennt ganz ab. Blindgänger krepiert. Wir wären fast erstickt. Posten ganz kopflos. Nur durch Zufall gerettet. Am 22.4. Abmarsch zur Mörserschlucht und am 1. Osterfeiertag zur Namenlosen Schlucht[17]. Es regnet in Strömen, keine Unterstände. Viel Arbeit mit Hüttenbau. Dann klärt sich der Himmel auf. Gott sei Dank, herrliches Osterwetter. Tag nach Ostern Spaziergang nach Sivry 2 1/2 Std., herrlicher Tag (Haus wo Bismarck am 31.8.70 wohnte).

---

[17] Namenlose Schlucht: Liegt etwa 1800 m nördlich Haumont

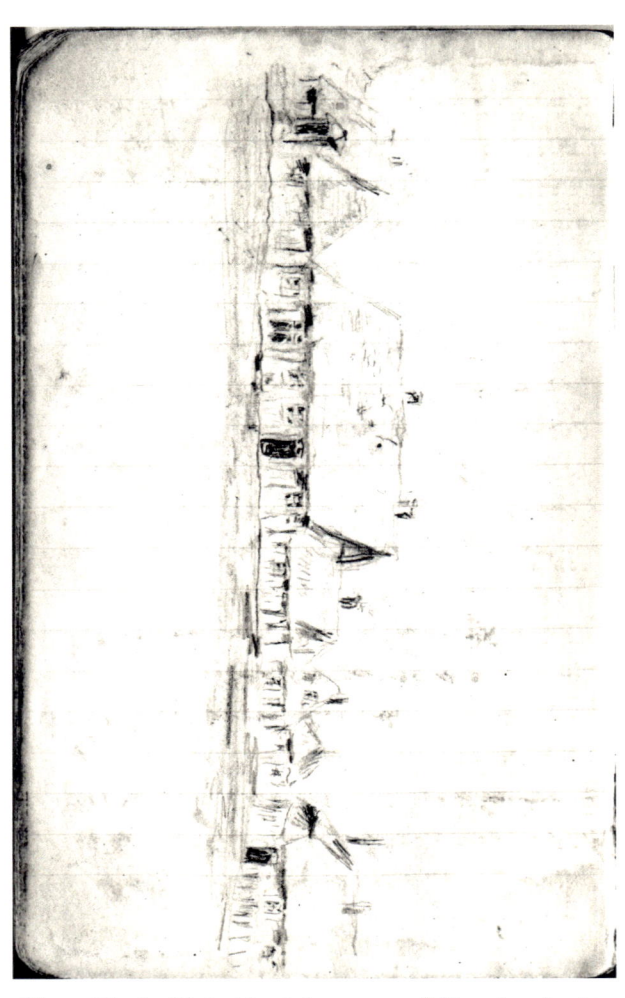

Ohne Titel, Bleistiftzeichnung auf Tagebuchseite, entstanden 1915

Mai 1916

Am 29.4. Abmarsch zur Cotellettesschlucht. Die Unterstände lagen am niedrigen Bergabhang und eigneten sich nur zum Sitzen oder Liegen. Der Bau war arg verlaust, jeden Tag fand man eine ganze Menge. Man kam am Tage nie aus den Unterständen heraus, die die notwendigsten Bedürfnisse konnte man nur in grosser Eile erledigen. Des Abends wagte man sich heraus, natürlich unter Lebensgefahr. Franzmann überschüttete uns zu gern durch den "kurzen Gustav" mit Schrapnells, oder auch mit schweren Kalibern. Des Nachts gingen wir zum Kompanie-Führer. Um 2 Uhr kam die Küche. Wie oft funkte der Franzmann, aber es ging immer gut. Die Strassenkreuzung Samogneux-Vacherauville; Champneuville-Cotellettesschlucht[18] stand immer unter Feuer. Auf der Strasse lagen zerbrochene Wagen, sowie Kadaver in Menge. Uns

---

[18] Cotellettes-Schlucht ca. 1 km südöstlich Samogneux. Läuft zur ehemaligen Cotellettes-Mühle hin aus. Ihre Nachbarin ist die Mühlen-Schlucht. In der Schlucht befindet sich auch die Caine-Quelle. Die französische. Bezeichnung für die Schlucht lautet Ravin d'Avemont.

gegenüber, hinter uns und unterhalb von uns standen Batterien die ausserordentlich viel befeuert wurden. Gegenüber lag ein stiller Friedhof. Am Tage erhielt man gewöhnlich 500-1000 Schuss. Am 3. und 5. Mai waren schlimme Tage. Uns gegenüber lag der Raben- u. Cumièreswald. Halblinks Cumières. Dann der "tote Mann", Höhe 304. Diese standen in ausserordentlichem Feuer. Die Höhen rauchten wie Vulkane. Ununterbrochen donnerten die Geschütze Tag und Nacht. Es war zum Verzweifeln, da auch wir mehrere Tausend Schuss erhielten. Der dicke Rauch, mit Gas vermischt, senkt sich ins Tal hinab. Am Abend des 3.5. musste ich einen Posten in Samogneux aufführen und zwar an der Schleuse. Da wir nicht durch das Tal gehen konnten, gingen wir über den Berg. Der Hinweg war ganz günstig. Der Posten wurde aufgeführt, Unteroffizier Matas, kurz nachher gefallen. Der Herweg war sehr gefährlich. Man musste sich wohl zwanzigmal hinlegen. Der Aufenthalt in den Unterständen dauerte bis zum 21.5. Wir sollten schon eher abgelöst werden, aber immer verzögerte sich die Ablösung. Die Aussicht von unserem Lager war sehr schön. Vor uns war das herrliche Maastal. Man sah die Dörfer Champneuville, Cumières, dann die Cote de Talou, den Marrerücken mit den Forts.

Mitte Mai 1916

Am 20.5. des Nachts ging es nach Samogneux. Dort kamen wir in einen Franzosenunterstand. Dieser war bombensicher, aber dreckig und eiskalt. Draussen war es sehr warm. Es roch furchtbar nach Leichen. Vor dem Eingang lagen solche unter dem Schutt, oder auch in den Kellern. Das Dorf war ganz verwüstet. Im Unterstand wurde des Abends Feuer gemacht, am anderen Tage hatte jeder Kopfschmerzen. Am anderen Tage konnte man sich draussen nicht aufhalten, weil der Eingang dauernd befeuert wurde. Am 23.5. kam die Ablösung. Im Marsch, Marsch ging es über die Strasse zum Laufgraben und dann in der herrlichen Mainacht zur "Namenlosen Schlucht". Hier sang die Nachtigall.

In der namenlosen Schlucht war es herrlich, alles grün. Die Tage wurden nachher auch stiller. Wohl war es ziemlich kühl, aber doch erträglich. Am 25.5. mit Gössling, Römer einen wunderbaren Spaziergang über Jägerbusch, Solferino-Ferme nach Brandeville zum Zahlmeister Schäfer. Dort wurde mittags gut gefuttert, Spargel. Nachher ein Fussweg über Bréhéville, Lissey, Écuray. Dort bestiegt man das Bähnlein nach Crepion. Um 11 Uhr kam man befriedigt im Lager an. Dort war am Samstag Konzert und Gottesdienst.

Juni 1916

Am 3. Juni kamen wir wieder in Stellung zur Cote de Talou. Der Hinmarsch ging ohne Verluste vonstatten. Man muss Glück haben. Die Stellung war im allgemeinen nicht so übel. Das Artilleriefeuer ging ununterbrochen über uns weg zur Artillerie. Die Aussicht von oben war wunderbar. Tagsüber weilte man in den Unterständen, die ziemlich tief, aber nicht wasserdicht waren. Das Wetter war schlecht, so sass man immer im tiefsten Dreck. Der

Boden war äusserst tonig und lehmig. Ich war im 2. Zug, wurde dann aber zum 1. Zug und nach wenigen Tagen wieder zum 2. Zug versetzt. Am Tage liess sich nie ein Mensch blicken; des Nachts wurde kräftig geschanzt. Dazu wurden alle 5 Tage Patrouillen zur Maas gemacht. Dort wurde man unaufhörlich von Maschinengewehrfeuer belästigt. Es ging aber ohne Verluste. Das unangenehmste waren die Wege durch das mannshohe, nasse Getreide, das bis auf die Haut durchnässte. Da zum Trocknen keine Gelegenheit war, musste alles auf dem Leibe trocknen. Unserem Zug wurde Feldwebel Papendik zugeteilt. Feldwebel Schnittger wurde Leutnant. Am 16. Juni nachts kam der Urlaub heraus. Wie freute ich mich auf meine Lieben! Um 3 Uhr ging ich mit Offizier Stellvertreter Römer nach Champneuville, blieb dort bis 5 Uhr und ging vergnügt zur Solferino Ferme. Ich kam ohne Unfall dort an. Nun wurde schnell Toilette gemacht. Dieses war hoch notwendig, denn der Dreck klebte am Leibe.

Urlaub 1916

Im schönsten Wetter ging es nach Lissey-Ecurey zur Bahn. Von Montmédy fuhr der Zug nach Longuyon - Trier. Dort besuchte ich Familie Schäfer. Am anderen Tag kam ich nach Opladen, dann nach meinem lieben Rade. - Mütterchen und Schelm standen an der Bahn. Wie unser Väterchen sich aber da freute! Unser Männlein ging nicht von mir weg. Da mussten Geschichten erzählt werden, besonders vom Heinzelmännchen. Anfangs haperte es mit dem Erzählen, dann aber klappte es. Unser Schelm gab mir durch zahlreiche Zwischenfragen Zeit genug. Das waren zu Hause glückliche Tage, die schönsten in der ganzen Kriegszeit. Eine Verwandtenreise schloss sich an, und dann waren bald die schönen Tage vorbei. Der Abschied war am 29. Juni. Ich blieb noch einen Tag in Trier. Am 1. Juli kam ich des Morgens in der "Namenlosen Schlucht" an. Dort lagen wir bis zum 6. Juli in Ruhe. Es regnete fast immer, wir sassen in der Bude und spielten Skat.

Juli 1916

Am 6. abends ging es in Stellung. Am 6. Juli kamen wir unbehelligt nach Champneuville. Hier wohnten wir in einem französischen Unterstand ganz gut, im sogenannten D-Zug. Das Wetter war anfangs sehr schlecht. Sehr unangenehm war die Schanzarbeit. Jede Nacht war Regen und der Schmutz war ungeheuer. Mit dem Schiessen war es nicht so schlimm. Wir wurden beschossen, als wir einen Verbindungsgraben von der Cote de Talou nach dem befestigten Lager anlegten, Richtung Strassenkreuzung. Jedoch ging es ohne Unfall. Der Graben wurde nach und nach tadellos ausgebaut. Nun wurde auch das Wetter besser, und es war in Champneuville ganz gut. Von unserer Bude aus führte ein Stollen zum Garten, in dem eine Laube gebaut wurde. Dort war es ganz herrlich, es wurde auch feste Skat gespielt. Manchmal musste man auch Laufen gehen, denn die Artillerie wurde oft äusserst stark beschossen. Die stand etwa 200m von uns. Dann klirrten die Eisenstücke durch die Strassen. - Beim Ortskommandanten hatten wir auch schon die Gelegenheit, Bier zu trinken. Auch gab es in unserer Bude einige Fischessen, Unteroffizier Kemmann fing sie.

Am 24. war silberne Hochzeit meiner Schwiegereltern. Ich gedachte Ihrer und aller meiner Lieben. Mütterlein und Schelm waren in Neviges. Ich hatte mit dem Kerlchen meine Sorge wegen seines Darmleidens. Am 26. Juli wurden wir abgeholt. Im Lager der Namenlosen Schlucht war es sehr schön, das Wetter war heiss. Mein Magen machte mir viel Beschwerden. Anfang August wurden wir alarmiert und es war dann recht ungemütlich. Ich war gerade in Crépion, musste dann sofort zurück. Die 9. und 11. Kompanie mussten zum Pfefferrücken, wo die Franzmänner in die Gräben gekommen waren. Die standen dauernd auf dem Sprung. Am 4. August war unser Hochzeitstag.

Anfang August 1916

In dieser Woche hatte ich dauernd mit Magenbeschwerden zu tun. Als ich mich am 5. August beim Oberarzt Dr. Aus dem Bruch meldete, kam ich zum Lazarett nach Crépion. Hier wohnte ich im Zelt 5. Es war drückend heiss in den Tagen, am Tage brühte man in dem sonnendurchglühten Zelt; des Nachts war es recht kalt. Am Tage wohnte dort eine Unmenge von Fliegen; des nachts waren dort Ratten. Die Verpflegung war gut. Am 7. August wurde ich nach Peuvillers geschickt. Der Stabsarzt hatte mir zu diesem Zwecke einen Wagen gestellt. In dem Lazarett war meines Bleibens auch nicht, noch am selben Abend kam ich nach Montmedy; es war 10 Uhr. Mit dem Auto wurde ich zum Parklazarett gefahren. Dort wohnte ich in Baracke 2.

Des Nachts schlief man tadellos. Am anderen Morgen war die ärztliche Untersuchung. Zuerst wurde das Fieber gemessen, doch bedurfte es noch der Anleitung der Schwester Elisabeth, wie das Fieber gemessen wurde. Die Verpflegung war der Krankheit entsprechend, doch sehr gut. Lecker waren die

Frühstücks, bestehend aus Weissbrot, Kaffee mit Milch oder Fleischbrühe, für uns seltene Genüsse. Der Betrieb in der Baracke war sehr angenehm. Zu lesen war genug dort, auch an Unterhaltung fehlte es nicht. Neben mir lag Oberleutnant Gening, beim bayrischen Regiment 13. Wir hatten oft Ursache zur Heiterkeit, schon durch die Gegenwart des Krankenwärters Götz, eines biederen Schwaben. Auf die Frage, was es zu Mittag gäbe, antwortete er Su up (Suppe). Oder er sagte:

Ich hab den Ko ofer (Koffer) von der Bahn geholt. In der Baracke wimmelte es von Fliegen, deswegen legte man sich einen grossen Schleier über. In der Zeit wurden wir mehrmals von Fliegern besucht, die in der Nähe des Bahnhofs Bomben abwerfen. Einige Tage vorher hatten diese viele Scherben angerichtet. Ein ganz netter Mensch war Obersekretär Behrend, ein richtiges Kaufgenie. Bei dem konnte man alles haben, Zigarren, Schokolade usw. Als ich nach einiger Zeit aufstehen durfte, machte ich Spaziergänge in die Umgegend. Diese ist sehr romantisch, wie im Wuppertal. Man hatte von den Bergen eine wunderbare Fernsicht, na-

mentlich von der Festung. Ein sehr schöner Park
mit Schloss war in Fresnois.

Ohne Titel, Bleistiftzeichnung auf Tagebuchseite, entstanden 1915

Zu Montmedy, August 1916

Die Tage im Lazarett vergingen sehr angenehm. Feine Kameraden waren Oberveterinär Uhlmann, Leutnant Nietzsche (Oberlehrer). Wir machten manche Spaziergänge. Der Friedhof in dem Ort war sehr schön; die Bestattung der Verstorbenen nicht sehr kameradschaftlich. Am 23. August erhielt ich die Todesnachricht von meinem lieben Vater. Er war schon am 19. August gestorben. Das Telegram hatte mich aber nicht erreicht. Wohl erhielt ich 5 Tage Urlaub, doch kam ich zum Begräbnis leider zu spät. Des Nachts kam ich in Elberfeld an, am anderen Morgen traf ich meine Lieben in Neviges. Wie mein Schlem eine Freude hatte, als er sein Väterchen wiedersah. Am Nachmittag fuhren wir gemeinsam nach Steele, zum Friedhof, danach Kray und Rotthausen. Dort verlebten wir dann noch schöne Stunden, desgleichen am anderen Morgen, im Kreise unserer Lieben. Die letzten Tage waren wir noch in Radevormwald, wo auch Herr Hartmann im Urlaub war. Wenn nur nicht der Abschied von meinen Lieben immer so schwer wäre! Auf der Rückfahrt war ich am 27. August bei Heinrich Heck in Düsseldorf. Dort verlebte ich noch schöne Stunden. Dann fuhr ich des Nachts über Aachen, Lüttich. In Namur war der Anschluss weg, Aufenthalt von 4 - 8 Uhr, doch schlief man auf der Bank. Sehr romantisch war die Fahrt von Namur nach Charleville. Dort war auch wieder kein Anschluss. Dafür entschädigte ich mich durch ein sehr gutes Mittagessen im Bahnhof.

Die Doppelstadt Charleville-Mezieres ist ganz hübsch. Des Nachmittags kam ich wieder im Lazarett an, freudig begrüsst und bewirtet. Abends kam ich zum Zahlmeister nach Brandeville. Dort wohnte ich beim Zahlmeister Wogal, den ich von Paderborn her noch kannte. Auf der Solferino-Ferme erfuhr ich, dass die Kompanie auf der Cote de Talou war.

Anfang September 1916

Um 5 Uhr ging ich den 3 1/2 stündigen Weg, wurde dann in den Maaswiesen zwischen Samogneux und Champneuville vom Gewitter überrascht, dass mich vollkommen durchnässte. Wohl habe ich mich in der Küche notdürftig getrocknet, doch war die Nacht in dem feuchten Unterstand sehr ungemütlich. Überhaupt war der Unterstand ganz gräulich. Das Wasser tropfte immer durch, das Bett über mir war mit Dachpappe ausgelegt, musste aber andauernd trocken gemacht werden, um nicht durchzulaufen. "Gluck, Gluck" ging es des Nachts, und man wurde munter. Der Fussboden schwamm im Wasser. Dazu war die Verpflegung ziemlich mässig, und man lebte viel von Brot. Der Dienst selbst war nicht so übel, Geschossen wurde auf der Cote bei uns wenig. Einige hundert Meter von uns auf 270° lag allerdings viel Feuer. Am 8. September kam es dann zur Ablösung. Wir kamen ohne Verluste an, anderen ging es nicht so gut. Man konnte sich in der Namenlosen Schlucht ausruhen. Am 11. September zur Entlausung.

Dann ging ich nach Moirey. Hier war Oberapotheker Windmöller von Neviges tätig. Er hielt mich den ganzen Tag da; im dortigen Kasino war es tadellos. Es war gut, dass ich abends beizeiten im Mondschein heimging. Die Ruhe im Waldlager verging ziemlich gleichförmig. Am 12.9. feierte Leutnant Pagendiek die Verleihung des Eisernen Kreuzes. Es wurde kräftig gefeiert. - Die Tagesstunden vertrieb man sich durch lesen und Skatspielen. In unserer Bude mit Leutnant Schnittiger und Feldwebel Theves war es nicht gemütlich. Es war mir zuviel Besuch da. Am 19.9. erhielten wir den unliebsamen Auftrag, am Pfefferrücken zu schanzen. Am Abend feierte Leutnant Speck seinen Geburtstag bei einem guten Abendessen mit einer Kiste Bier.

Am Pfefferrücken, September 1916

Dann ging es des Nachts um 3 Uhr los. Das Wetter war trocken, die Wege waren furchtbar schmutzig. Ein Glück, dass der Mond aufging. So ein Nachtmarsch mit Gepäck ist kein Vergnügen. Man stolpert über Gräben und Drahtverhaue. Je näher wir dem Pfefferrücken kamen, desto unangenehmer wurde es. Man durchschritt die sehr gefährliche Feuerzone und war in Folge der Aufregung bald in Schweiss gebadet. Gesprochen und unterhalten wurde bei der Gelegenheit nicht. Glücklicherweise passierten wir die allergefährlichsten Stellen ohne Schuss. Wie sahen die ehemaligen Wälder aus! Traurig und zerzaust stakten kahle Baumstümpfe ohne Äste in die Luft. -

Kaum hatten wir die gefährlichen Ecken hinter uns, als das Krachen wieder losging. Nun waren wir im ehemaligen Lager, das schlecht genug war. Unsere Bude war eng, dunstig und feucht. Das Wasser tropfte immerzu ins Gesicht. Der Strohsack war halb faul. Am nächsten Morgen konnte man den Übelstand leidlich beseitigen. Am folgenden Abend begann die Schanzarbeit. Wie wurde da gearbeitet von neun bis fünf Uhr. Man musste unter allen Umständen in die Erde, denn man lag dem üblen Marrerücken gegenüber. Immer wieder musste man sich vor den Leuchtkugeln hinwerfen. Dazu war einige hundert Meter weiter starkes Minenfeuer, dass die Splitter flogen. Unsere Leute arbeiteten im Schweisse, dass die Hände mit Blasen bedeckt waren. Dann wurde der Graben gründlich abgedeckt. Unangenehm war stets der Heimweg über die Hochfläche des Rückens, etwa 20 Minuten. Die Verpflegung war in den ersten Tagen denkbar schlecht. Des Abends ein dünnes Wassersüpplein ohne Fleisch, am Tage keine Portionen. Erst durch eine Beschwerde wurde es besser. - An einem Nachmittag war eine Besichtigung des Grabens. Es ging durch den alten Laufgraben, dann durch die 3. Stellung. die war aber denkbar schlecht. Etwa 800 Meter weit musste man gebückt gehen. Im Sonnenbrand war man im Schweiss gebadet. Übermüdet kehrte man heim; es folgte eine gründliche Erkältung.

Die Nächte wurden wir nun dauernd mit Schrapnells beworfen; doch waren wir tief im Graben. Gefürchtet war der Heimweg; der "Kurze Gustav" kam unverhofft und trieb uns in den Laufgraben mit grosser Fixigkeit, dabei gab es stets Verstauchungen, Handabschürfungen. In der Nacht vom 28. zum 29. September wurden wir abgelöst. Vorher mussten wir aber noch für ein paar Stunden in den Graben, dann ging es um 3 Uhr los über Höhe 344. Die gefährlichen Stellen passierten wir ohne Unfall, aber im Schweiss gebadet. Wir kamen zur Belohnung acht Tage in die "Namenlose

Schlucht". Dort war es ruhig und angenehm. Am 1.10. kam ich zur 9. Kompanie.

Anfang Oktober 1916

Die acht Ruhetage waren die schönsten während des ganzen Sommers; nun wurde man wenigstens nicht durch Alarm gestört. Dann ging es wieder in Stellung. Da ich zur 9. Kompanie gehörte, ging ich mit meinem Begleiter allein los, und zwar nach Champneuville sur Meuse. Dort kam ich ohne Unfall an und bezog Wohnung im U-Boot[19]. Dieses war seit der letzten Zeit tadellos umgebaut worden. Im Dorfe war es in dieser Zeit sehr ruhig; das Wetter war auch gut. Abwechselnd gingen wir hinauf zum Schanzen. Zunächst wurde Drahtverhau vor dem Graben auf 270° gebaut. Es ging nicht immer ohne Störung. Am ersten Abend zischten uns die Granaten und Schrapnelle ganz dicht über den Kopf. Das Blut geriet dann in Wallung. In den mondhellen Nächten liess sich nun sehr gut arbei-

---

[19] Das U-Boot ist offensichtlich ein sehr sicher gebauter Unterstand

ten. Doch bald wurden Gruben geworfen, mit den anderen Kompanien zusammen. es wurde sehr viel gebaut, auch ohne Verluste. Die Gräben wurden sorgsam abgedeckt, und da auch der Franzmann während der Nacht ruhig blieb, so waren die Arbeiten, zudem es hell und trocken war, garnicht so übel. Am Morgen machten wir Spaziergänge an der Maas und am Kanal. In der Mitte des Monats wurde es weit unangenehmer; der Franzmann beschoss jetzt viel die Batterien. Auch das Dorf bekam Feuer. Man konnte des Nachmittags sich nicht ohne Gefahr draussen aufhalten. Des Abends musste der Drahtverhau gemacht werden. Das war in der Finsternis nicht leicht. Am liebsten war einem noch, wenn man des Abends die Posten an der Maas aufführen musste. Der Weg führte an dem Kanal vorbei. Es war stockfinster und man tastete über Bäume und Granattrichter. Durch starke Regengüsse war das Wasser im Kanal und an der Maas sehr hoch und ging über die breiten Strassen. Es überkam einen da oft eine recht feierliche, ernste Stimmung. Das Naturbild war auch ergreifend; links der Kanal, rechts das breite, überschwemmte

Flussbild der Maas. Das finstere Bild wurde alle Augenblicke erhellt durch abgeschossene Leucht-patronen. Dann glänzte das Wasser innerhalb des pechschwarzen Rahmens und der schweigenden Bäume silberweiss und geheimnisvoll, um dann wieder in schwarzes Dunkel zu versinken. Zur Rechten starrte der düstere Marrerücken mit seinen mächtigen Forts. Oft war es totenstill, dann wurde es mit einem Mal lebendig... Die Granaten pfiffen hin und her über das Tal um mit dumpfem Krachen zu bersten. Das hielt dann oft stundenlang an. Un-sere Posten standen stumm und still hinter den Ka-nalbäumen und taten im Stahlhelm und dicken Mantel ihre ernste Pflicht. Die Ablösungen ruhten im Unterstand innerhalb des Kanalbettes oder ar-beiteten dort am Drahtverhau. An manchem Stol-len stiessen Kanal und Maas ganz zusammen. Dann standen sich Freund und Feind gegenüber. Man kannte die Gegenseite Stellung, sah sich auch, aber man beschoss sich niemals, Eine stille Verein-barung gegen die kein Befehl half. - Wollte man zum Hauptunterstand, dann musste man über die schwankenden Stege des Kanals. Dann musste man Seilkünstler sien. Ein Fehltritt hätte ins Wasser geführt. An einem dünnen schwankenden Draht sich haltend, rutschte man einzeln über die schlüpfrige Planke. Nach dem man sich einige Stunden im "flohreichen" Unterstand aufgehalten hatte, ging man zurück, um einige Stunden zu ruhen. Am 24. Oktober begann der Angriff auf Douamont-Meuse. Eine heftige Kanonade ging voran, die Batterien wurden äusserst stark beschossen, auch eingegast. Im Dorf war eine dicke Gaswolke. Wir schützten uns durch Masken, und so geschah nichts. Die Forts gingen verloren, und für uns begann aufs neue die Schanzarbeit diesmal zwischen der Höhe 270 und der Cote de Talon. Die Gegend war zum Schanzen äusserst lästig und gefährlich, lag sie doch direkt im Feuerbereich der Batterien. Der Weg war etwa, wenn man Bescheid wusste, eine halbe Stunde weit. Schon eines Mittags wollte ich mit Leutnant Schnittger den Versuch machen, dorthin zu gehen. Auf der Höhe angelangt, setzte aber ein solch schweres Feuer ein, dass selbst der Graben keinen Schutz bot. Man musste von Unterstand zu Unterstand springen, um aus dem Feuerbereich heraus zu kommen. Im Schweiss gebadet, kam ich im Dorfe an. Am anderen Morgen ging es um vier Uhr zum Schanzen.

Die Arbeitskompanie blieb aus, wir gingen allein in der stockfinsteren Nacht. Nach langem Suchen fanden wir die Stelle, kenntlich durch das Trassierband. Die Gegend dort war von Granattrichtern übersät. Beim Hingehen purzelte man oftmals hinein. Bald bekamen wir auch Feuer, ein Glück, dass wir an dem Teil zufällig nicht arbeiteten. In der folgenden Nacht hatte die Schanzkompanie an dieser Stelle 9 Mann Verlust. Das Schanzen war ungemein lästig, durch die vielen Wassermengen. Doch konnten wir in den folgenden Nächten ohne Unfall schanzen. Der Rückweg ging meistens durch die Schlucht. Was da an Einschlägen zu sehen war, war unbeschreiblich. Überall lagen die Blindgänger, und Gräber bewiesen, dass dort ein gefährlicher Boden war.

Anfang November 1916

Zum 1. November siedelte Feldwebel Amelung nach Champneuville hinüber. Es war sein letzter Gang. Am Nachmittag setzte schweres Feuer ein. Eine schwere Granate mit Verzögerung schlug in seinem Unterstand ein, wo er mit Unteroffizier Gering lag. Die drei Meter Deckung wurden durchschlagen. Nach zwölfstündiger Arbeit waren beide Leichen geborgen. - Die folgenden Tage waren ruhiger. Dann wurden wir am 6. November abgelöst. Im schönsten Mondschein ging die Ablösung von dannen, ohne einen einzigen Schuss. Kaum waren wir aber auf der Brabanter Höhe, da fing das Feuer an. Wir hatten mal wieder Glück gehabt. Wo wir gelagert hatten, war nachher schweres Feuer.

Von der Mollvilleferme aus fuhr der Wagen das Gepäck und von da aus ging es bester Stimmung und unter Gesang nach Etraye-Damvillers, das wir um vier Uhr morgens erreichten. Das Quartier war anfangs übel. Fliegerbomben hatten in der Nacht eine Unmenge an Scheiben zerstört, so auch in unserem Zimmer. Man musste die Löcher ausflicken;

bald brannte auch der Ofen, und es wurde recht mollig in der Bude. Die vierzehntägige Ruhezeit in Damvillers war sehr schön, den Geburtstag von meinem Söhnlein feierte ich in aller Stille. Am Abend vorher feierten wir die Dekorierung vom Kompanieführer. Am 28. abends ging es wieder in Stellung.

Dezember 1916

Die ersten Tage im Dezember waren auf der Cote de Talon sehr angenehm. es war ruhige Zeit. Ich wohnte mit dem Kompanieführer in einem Unterstand. Der Dreck war ganz erträglich, es wurden hauptsächlich Stollen gebaut. Unseren Leuten gefiel das. Das Wetter war recht günstig. Abends ging man wohl zur Pension zum Kanal hinab. So kam man wenigstens aus dem Graben heraus. Abgesehen vom Maschinengewehrfeuer wurde man nicht belästigt. Die Nächte an dem schweigsamen Kanal, an der überschwemmten Maas waren oft romantisch. Zurückgekehrt stärkte man sich an einem Glase Grog. Die Verpflegung war gut.- In den ersten Tagen des Monats wurde es aber ungemütlicher. Der Feind schoss sich mit schweren Geschützen auf den Pfefferrücken und Vacherauville ein, die 10. Kompanie lag unten. Das Feuer steigerte sich von Tag zu Tag, und es trat Alarmzustand ein. Am 10. Dezember trommelte es den ganzen Tag, und es gab im Dorfe schwere Verluste. Des abends erhielt ich mit meinem zweiten Zug den Auftrag, die vordere Grabenstellung am Pfefferrücken abzulösen. In Korporalschaften abrückend, kamen wir in stockfinsterer Nacht durch Gräben und Granattrichter stolpernd, in der vorderen Stellung an. In der Nacht blieb ich im Dorfe bei Leutnant Schnittger. Wir wohnten im zugigen Keller. Das Feuer der kleineren Geschütze lag schwer auf den Dorfstrassen und den Laufgräben. Wir versuchten möglichst, den Stollen zu verstärken. Sonst verging die Nacht ziemlich ruhig.

Vom 10. bis zum 15. Dezember 1916

Aber die Ruhe war am anderen Tage hin. Um halb zehn Uhr setzte das Feuer der schweren Geschütze ein. Es schoss mit "Verzögerung". Rings umher schlugen die schweren Geschosse ein. Wir sassen in dem kleinen Betonunterstand mit 2 Meter Deckung. Wird der wohl aushalten? Einige Meter daneben riss eine Granate ein riesiges Loch; nebenan wurde ein Unterstand eingehämmert. Man holte die Leichen heraus. Der Kompanieführer Unterstand wurde zerschlagen, alles flüchtete in den hinteren Keller, oder in den Stollen unter der Strasse. Die Stunden wurden zur Ewigkeit. Wann kommt die Nacht? Ohne Nahrung, wir haben auch keinen Hunger, sitzen wir zu 10 Personen im kleinen Unterstand von 4qm bis zum Abend.

Gott sei Dank! Nun hört doch wenigstens das Feuer der schweren Geschütze auf, denn diese schiessen nur mit Beobachtung am Tage. Nun kommt die allgemeine Abspannung der Nerven. Man sehnt sich nach einer Tasse heissen Kaffee; der Hunger kommt wieder. Dass die kleinen Geschosse heftig auf den Keller hämmern, hört man garnicht. Nun ging es hinaus in den Graben. Davon war nichts zu sehen. Mehrere Unterstände waren eingedrückt, doch wurde sofort geschanzt. In der folgenden Nacht kam die ganze Kompanie nach, die 10. Kompanie ging in die Ruhestellung. Die Nacht verging ziemlich ruhig. Dann kam wieder der andere Tag. Wäre der doch erst zu Ende. Ich dachte an den Geburtstag meiner Schwester Klara. Und nun begann um neun Uhr dreissig das selbe Spiel. Was mussten die Nerven unendlich viel aushalten, sie sind zum Bersten gespannt. Für nichts hat man mehr Interesse. Man versucht zu lesen - es geht nicht, die Gedanken machen nicht mit. Man versucht es mit der Unterhaltung; auch das gerät nicht. Man hört immer wieder die dumpfen Abschüsse und hört dann die krachenden Einschläge. Es ist als ob das Ohr nichts anderes hören wollte. Und doch ist das Geräusch gar nicht so sehr stark. Von den Einschlägen bebt der Erdboden ununterbrochen. Wie lange, lange ist doch der Tag; jede Viertelstunde schleicht dahin. "Sieh mal nach, ob es draussen dunkelt", wird so oft gefragt. Gott sei

Dank! Die Dunkelheit kommt. Man kann wieder aufatmen. Die Nacht bringt Erholung, man schläft trotz der Kälte. Draussen im Graben hat der Tod gute Beute gefunden. Aus dem zerschmetterten Unterstand holt man Kameraden. Nun kam der 3. Zug ins Dorfe. Bis zum Nachmittag ging es so leidlich, dann holte das schwere Feuer in zwei Stunden alles nach. Um unser Wohnviertel herum wurde die Erde aufgewühlt. Wir blieben verschont. - Ich ging des Abends hinaus in den Graben. Nun folgten zwei schwere Tage. Ununterbrochen heulten die schweren Geschosse und Minen über unsere Gräben, alles zerwühlend. Vor und hinter dem sechs Meter tiefen Unterstand klafften riesige Trichter. Der Eingang wurde halb zugeschüttet, er wurde wieder geöffnet. Am Abend waren sämtliche Unterstände zerschlagen. Der vordere Graben wurde ganz geräumt. Jede Orientierung in dem ganz veränderten Gelände am Abend war äusserst schwierig. Man sah nur Spuren vom Graben - Der Unterstand wurde während der Nacht durch schwere Balken verstärkt. Dann kam der letzte Morgen, der 14. Dezember. Auch an diesem Tage raste das

Feuer vom Morgen bis zum Abend. Man schlief nicht mehr. Nachmittags im äussersten Feuer rief die Ordonnanz: Der Feind durchschneidet den Drahtverhau. Es ging ein Aufatmen durch die Mannschaften. Gott sei Dank, endlich kamen sie.

15. Dezember 1916

Dann kam er, aber ein rasendes Sperrfeuer warf ihn zurück. Wie waren wir froh, als wir abends um 10 Uhr abgelöst wurden. Leutnant Altenhövel, aus Urlaub kommend, löste mich ab. Die 12. Kompanie kam. Wir zogen erleichtert ab und kamen um drei Uhr auf der Cote an. Ich traf auf alle Kameraden, Leutnant Tyksen, Goldhammer, Römer, Gössling, Schultz, Oeren. Ich werde sie wohl nie wieder sehen. Am letzten Tage war auch unser Wohnkeller zerschlagen worden. Dann begann am 15. Dezember dass Schlussdrama des Dorfes. Nach wenigen Stunden Schlaf setzte um halb neun heftiges Trommelfeuer ein. Wie weit man sehen konnte, stand alles in Rauch und Flammen. Eine unendliche Menge von Geschossen sauste auf uns, über uns zu den Batterien. Vacherauville war ein rauchender Vulkan. Dann begann mittags der Angriff der Franzosen, die Leuchtkugeln gingen hoch, aber im Trommelfeuer musste alles zerschlagen werden. Mittags die letzte Meldung aus dem Dorf. In meinem Unterstand ist ein Volltreffer eingeschlagen, 20 Mann tot. Dann setzte das Telefon aus. Dann hat man nichts mehr von der 12. Kompanie gehört. Einige Gefangene wurden abgeführt, Versprengte wurden durch Maschinengewehre niedergemäht. Man sah keinen wieder, die 12. Kompanie war vernichtet.

Ende Dezember 1916

Nach links hatte der Feind Vorteile errungen.- In der folgenden Nacht gab es keine Ruhe... Am anderen Morgen ging ich mit dem Zug zum Panzerturm. Hier war es ruhiger, doch die Unterkunft war schrecklich. Alles nass, dunkel, schmutzig, enge. Man konnte nur im Sitzen schlafen. Der Graben war tief voll Wasser. Ich ging ohne Strümpfe hindurch, das Wasser ging oben hinein. Der Kampf

tobte auf dem Pfefferrücken weiter. Durch Stein-
splitter von aufschlagenden Granaten erhielt ich
eine leichte Quetschung am Arm. Ein Glück, dass
es ein Blindgänger war.- Nach einigen Tagen ging
es oben zur Caine-Schlucht. Hier war das Wohnen
im engen Unterstand äußerst schmutzig, voller Ungeziefer.

Alles strotzte von Läusen und Flöhen. Man hockte
Mann neben Mann. Die Krankenzahl war ausserordentlich hoch. Man konnte nicht mehr. Die Ablösung wurde von Tag zu Tag aufgeschoben. In diese
Situation fiel die "heilige Nacht". Merkwürdige
Stimmung! Oh wie schön war doch die Erinnerung
an die selige Kindheit im Gegensatz zu dieser Zeit.
- Dann erklang aus dem feuchten, dumpfen Stollen
von unseren übermüdeten, abgekämpften Kriegern
plötzlich das Lied: Stille Nacht! Was mag doch
wohl jeder für Gefühle gehabt haben! Nachrichten
von den Lieben waren seit 10 Tagen nicht mehr
gekommen. - Die Nacht vom 25. zum 26. Dezember brachte uns endlich die Ablösung. Nach einem
beschwerlichen Marsche über Flabas (Caures-
Wald) kamen wir nach Etraye. Hier hatte man ge-

sorgt, so gut es ging. Der Weihnachtsbaum brannte. Des Abends war eine kleine Feier im Kasino. - Am 27. des Morgens Abmarsch nach Velosnes. Abfahrt Richtung Reims. Abends kamen wir in Chatelet an. Wir wohnten in St. Remy le petit.

Januar 1917

Am 1. 17 ging es in Stellung. Wir fuhren mit der Bahn bis Masmes, nördlich von Reims. Von dort fuhren wir mit der Feldbahn über Epoye nach Beine. Ich hatte unterwegs "Pech" gehabt, meine Pfeife war zerbrochen. Woher nun Ersatz bekommen. Bald hatte ich sämtliche Kantinen abgesucht, aber nichts war zu haben. Im grossen Dorf Beine war überhaupt nichts, weil es zerstört und verlassen war. Mit einer Mutzpfeife half mir Feldwebel Grothe aus. - Von Beine aus gingen wir in Stellung, eine Stunde weit über flache Felder und Kiefernwälder. Die Stellung war grossartig ausgebaut, ein Zeichen, dass dort wenig Feuer lag. Ein Übelstand war das viele Wasser. Mein Unterstand schwamm, das Wasser stand ein Fuss hoch. Ich legte darum einen zweiten Fussboden an. Wenn das Wasser jeden morgen herausgetragen wurde, war der Unterstand ganz gut bewohnbar. Die sieben Tage waren ganz schön, wir bekamen ganz selten Feuer. Bei Leutnant Oehr tranken wir ab und zu einen kleinen Schoppen. Feldwebel Laabs führte den 1. Zug. Die 11. Kompanie löste uns ab, und wir kamen an den "Pritzelwitz-Stützpunkt". Hier wohnten auch viele Ratten. Bei einem Abendspaziergang trat ich eine aus Versehen tot. Das Tier schrie derart, dass die Leute aus dem Unterstand kamen. Am 10. Juni wurde ich zum M.G. Kursus nach Epoye abkommandiert. Des Morgens am Bataillon angekommen, erhielt ich die Mitteilung von meiner Versetzung zur 4. Kompanie. Der Kursus war in Epoye ganz schön. Des Abends war man im Kasino. Wir wohnten mit 6 Feldwebeln in einer Bude und vertrugen uns sehr gut. Schneider, Nogler, Edenfeld, Lintow und Frick hiessen die Kameraden. An "Krach" fehlte es in der Bude niemals, noch viel weniger an gesundem Humor. Die Reitstunden boten viel Anlass zur Heiterkeit, namentlich, wenn Nogler den edlen Renner "Dollar" bestieg. Die

Wochen gingen schnell vorbei, und es ging wieder in Stellung. Dort hatten wir in den letzten Tagen einen Gasangriff gemacht, und daher war es unruhig. - Am 27. Januar wurde ich Leutnant. - Mehrere Tage bleiben wir noch im Lager. Dort lag man drei Nächte auf Brettern.

Februar 1917

 Am 5. Februar kamen wir nach Epoye in Ruhe. Kurz vor dem Weggehen, setzte der "kurze Gustav" einen vor meine Bude, die ich schon verlassen hatte. Man muss schon Glück haben.
In Epoye wohnten wir in einem Hause alle beisammen. Leutnant Landzettel, Helwig, Freiebel. Es war in dem Hause äusserst gemütlich. Meinen Geburtstag feierte ich durch einen grossen Kuchen., am meisten habe ich mich über Brief und Paketchen meiner Lieben gefreut. Mütterlein schenkte mir eine neue Pfeife, unser "Schelm" schenkte mir eine Zigarrenspitze. Als die schönen Tage vorbei waren, rückten wir in Stellung. Leutnant Landzettel blieb in Epoye zurück, einen Kursus durchzu-

machen. Unsere Stellung war links von der "Pest-beule". Die grimmig kalten Tage waren vorbei, und die Gräben fielen ein. Da gab es allerhand zu tun. Da überraschte mich am 11. Februar die Nachricht, dass ich auf 14 Tage zum Erholungsheim nach Rethel beurlaubt war. Ich liess mir das nicht zweimal sagen, und schon ging ich am Abend los. Der Weg vom Lager war recht schmutzig, allein ich kam ungefährdet über Beine nach Epoye. Dort blieb ich in der alten Bude. Am anderen Morgen ging ich nach Heutrégiville und suchte den Bagageführer Leutnant Neetix auf. Bei dem blieb ich bis zum Nachmittag und fuhr dann wohlgemut nach Rethel. Das Erholungsheim befand sich ausserhalb der Stadt in der Villa eines reichen Fabrikanten. Die Villa lag in einem grossen Park, der bis an die Aisne ging. Das Heim war ruhig und angenehm. Täglich machte man Spaziergänge in die Umgegend. Wohl war die ziemlich eintönig, wie es in dem Kreideboden der Champagne nicht anders zu erwarten war. Der Viehreichtum war dort ziemlich erheblich: "Philny", mein Begleiter, dann waren dort Pferde und Esel, Hühner (Geburt von jungen Ferkeln im Stall).

Als die Zeit um war, ging ich wieder mit meinem Kameraden Georg Pröbsel, Landwirt aus Gaualgesheim, zurück.

März 1917

In Stellung war dauernd unruhige Zeit. Patrouillenvorstösse waren an der Tagesordnung. Der Franzmann beschoss die Verbindungswege, das Lager und die Artillerie Tag und Nacht. Da war es noch am besten vorne in der Stellung, obwohl wir nur 100m auseinander lagen. Nach einigen Tagen ging ich zu einem fünftägigen Wiederholungskursus nach Epoye. Die Tage waren recht kalt und unruhig. Der Hinmarsch war im ärgsten Schneegestöber. Den ganzen Tag hatte der Franzmann gefeuert. In der Zeit, in der wir des Abends gingen, hatte er eine Feuerpause gemacht, zu unserem Glück. Durch Sturm und Wetter kamen wir nach Beine. In der Küche eines Lagers der Landsturmkompanie tranken wir heissen Kaffee. - Als die Kursustage um waren, gingen wir mit unserem leichten M.G.

in Stellung. - Die Patrouillenvorstösse waren sehr oft, und es war unruhig. Es gab dicke Minen. Mein Grabenabschnitt war noch am besten, dort waren im "Kommandograben" auch gute Stollen.

Viel Feuer erhielt von uns die "Rostbeule". Gegenüber lag das Dorf Prunay, die Reimser Berge. Wir hatten keine Verluste. Ende März kamen wir in Ruhe zum Viktorenlager, es lag in einem Kiefernwald. Die Buden waren sehr schön. Das Offizierskasino gab eine tadellose Verpflegung. Wir bleiben voraussichtlich bis Ostern dort.

Ostern 1917

Die 14tägige Ruhezeit im Viktorenlager (Champagne) war im allgemeinen ganz schön. Kurz vor Ostern, besonders am Karfreitag, 6. April, wurde es recht ungemütlich. Die Artillerie schoss sich ein, heftiges Feuer lag in Richtung Berry-au -Bac, Hochberg, Cornillethöhe nach links. Des Nachmittags erfolgte ein allgemeiner französischer Fliegerangriff auf unsere Ballons. Es stürzten 2 Ballons brennend ab, die Beobachter liessen sich an Fallschirmen herunter. Am Abend vor Ostern kamen wir in Stellung, und zwar an der "Pestbeule". Die Gefühle waren sehr gemischt, denn die Stelle galt als die gefährlichste. Ich wohnte mit meinem Zuge am Friedrich-Wilhelm-Stützpunkt. Dort galt es zunächst, Unterkünfte schaffen, und nach einigem Bemühen geriet das auch. Der Dienst war sehr mühsam. Tag und Nacht musste man auch vorn im Graben Dienst machen. Bald setzte heftiges Artilleriefeuer ein, und das dauerte ein paar Wochen hindurch an. Fortwährend war höchste Alarmbereitschaft; man musste hinaus durch stärkstes Feuer. War der Dienst vorbei ging man zum Stützpunkt in finsterster Nacht. Der Weg war etwa ein Kilometer. Aber der wurde einem lang, und in Schweiss gebadet kam man manchmal an. Schliesslich wohnte ich ganz an der "Pestbeule". Nach mehreren Tagen wurden wir nach rechts verschoben. Hier war es etwas besser. Man wohnt im Korridorgraben, musste aber oft die Unterstände erst einräumen. War die Stellung vor Wochen noch gut, so war jetzt nichts mehr dort los. Unsere Ecke wurde stark unter Feuer gehalten. Am schlimmsten war es am 14. und 15. April. Der Stollen war ganz gut, unangenehm war der Dienst im Graben. Wie freute man sich, wenn man ab und zu in ein Loch schlüpfen konnte. Der Franzmann legte Sperrfeuer auf unsere Gräben., unsere Artillerie auch auf die französischen Gräben. Dabei gingen manche Schüsse zu kurz auch auf unsere Gräben.

Am Abend gegen neun Uhr kam ich mit meiner Ordonnanz in heftiges Sperrfeuer. Stollen waren nicht da, man konnte weder nach rechts noch nach links. Man hockte in den Löchern und liess den Eisensturm über sich ergehen. Es dauerte eine halbe Stunde. Der Weg war etwa 800 Meter lang. Nun war ich an der Barrikade. Nachts setzte wieder heftiges Sperrfeuer ein, man musste immer auf den Angriff gefasst sein. Ein Höllenspektakel! Als es etwas ruhiger geworden war, ging man durch die Stellung. Wie sah diese zerschossen aus. Man kannte sie nicht wieder. So etwas trostloses hat man doch selten gesehen.

Am Tage war man auch vorn. Man konnte gut die französischen Wachposten sehen. Bei gemeinem Zusehen erhielt ich M.G.-Feuer. Auch auf dem

Hinweg zum Unterstand erhielt man im Graben an gewissen Stellen ständig M.G.-Feuer. Nach drei Tagen wurden wir abgelöst zum Stützpunkt. Alles freute sich, aber die Freude dauerte nicht lange. Am Stützpunkt waren keine Unterstände für uns, sondern nur Löcher, die angefangen waren. Liegen konnte man nicht, mein Unterstand war leidlich. Aber man war zufrieden als es am ersten Tag kein Feuer gab.

Da konnte man sich nur auf die Grabensohle niederwerfen und den Sturm über sich ergehen lassen. Im Schweiss gebadet und geschunden kam man im Unterstand an und freute sich wohl auf warmen Kaffee oder Essen. Aber das fehlte oft in der ersten Zeit. Die hinterliegenden Strassen und Stellungen lagen im ärgsten Feuer; es konnte nichts mehr herumgebracht werden. Unsere Leute kamen mit leeren Kochgeschirren wieder. Nachher ging es besser, als dicke Portionen gegeben wurden. Warmes Essen gab es erst nach zehn Tagen. Die Ecke "Jagdhausweg" lag dauernd unter Feuer. Dort ging es stets im Marsch, Marsch. Noch schlimmer wurde es, als wir am 20. April zum linken Flügel kamen, zum Bertramweg. Von hier aus bis Aubérive hatte Franzmann angegriffen, den 1. und 2. Graben besetzt, teilweise die Stützpunkte und die Ringgelstellung. Auch war er bis zum Hochberg, Luginsland, Keilberg gekommen. Unser 2. Battailon hatte man dorthin geworfen; es hatte schwere Verluste gehabt. In unserem Bataillon ging es noch in mäßigen Grenzen. - Am Bertramweg war unsere Stellung von der neuen französischen durch zwei Barrikaden getrennt. Schon der Weg dahin war vielversprechend.

Die Freude dauerte nicht lange. Schon am folgenden Tage fing man an, den Stützpunkt mit "dicken" zu bewerfen. Man konnte kaum die Nase herausstrecken. Und doch musste man den Unterstand verlassen, die Posten zu inspizieren. Die Gräben waren furchtbar zerschossen. Franzmann verschoss Tausende von Granaten. Schliesslich ging der Battaillonskommandeur mit seinem ganzen Stab laufen, mir den Stützpunkt überlassend. Ununterbrochen krachte es, des Morgens die "dicken", am Nachmittag und Abend der "kurze Gustav". Der Kopf schwindelte von der ewigen Unruhe. Die

Leute sahen von dem ständigen Wachdienste ganz elend aus. Äusserst gefährlich war des Abends das Essenholen am Jagdhaus. Die Strecke lag dauernd unter Feuer, besonders bis zum Hauptnagel, "Angströhre" genannt. In dieser Zeit hatte das Regiment herbe Verluste, unter anderen auch den braven Oehr, Kompagnieführer 9. Er fiel am Bertramweg, einige Tage vorher hatte ich noch mit ihm Kaffee getrunken. Ausserdem ein Kollege Lohmann aus Barmen starb den Heldentod. Als endlich am 28. abends abgelöst werden sollte, atmete alles auf. Wir sollten zum Viktorenlager. Der direkte Weg dorthin war etwas 2 Stunden weit, aber er war äusserst gefährlich. Dort wurde mir vorgeschlagen über Emdenweg, Emdenlager zu gehen. Als die Ablösung gegen ein Uhr dreissig nachts beendet war, ging ich mit dem Rest los. Es war Mondschein, und alles schien gut zu gehen. Als wir bald am Sinderweg waren, gingen rote Leuchtkugeln hoch, und sehr bald setzte Feuer ein. Ein Glück, dass wir gerade beim Stollen der Minenwerfer waren. Und nun ging das Getöse über uns los. Franzmann antwortete, unsere Minen krachten. Die armen Ohren mussten es wieder aushalten, dass der Kopf dröhnte. Als wir nach einer Stunde weitergehen konnten, wurde es dunkel, weil der Mond verschwand. Nun tappte man durch den Emdenweg, bis man glücklich den Ausgang fand. Von da aus wollten wir durch den Graben nach Beine. Das Emdenlager war aber ganz leer, völlig zerschossen und verwüstet. Man tappte in der Dunkelheit über Baumstämme, Erdhügel und Granatlöcher. In einem verlassenen Unterstand fanden wir Licht; die Anwesenden waren aber auch Lesende, die keinen Weg wussten. Ich hielt es für ratsam, danach aufzubrechen, weil es ziemlich ruhig war und wir durch die Artillerie mussten. Nach einigem Suchen zeigte mir ein Glücksfall den richtigen Graben, d.h. ich ging nach Norden. Ein Graben war es aber nicht mehr, sondern nur eine Kette von Löchern, die mit Baumstämmen, Steinen und Drähten durchsetzt waren. Schon wollten wir die Fahrstrasse gehen, da setzte plötzlich heftiges Feuer ein. Die dicken Brocken schlugen rechts und links ein, es begann ein Rennen ums Leben. Sauste eine Granate heran, dann konnte man sich nur noch hinwerfen, um den Splittern zu entgehen. Schlimm waren die zahlreichen Brücken und Stege über den Graben, die Erde war oft so hoch, dass man nur einen halben Meter zum Durchkriechen hatte. Das ging dann in höchster Eile mit Mantel und Tornister, nicht achtend der Hindernisse. Der Schweiss rann in Strömen, da glitt ich, im Drahte hängend, aus und ich spürte eine Zerrung der Beinmuskeln. Aber nur nicht stehenbleiben, immer weiter, aus dem Granathagel heraus. Und es geriet. Nach 400m heftigem Laufen kamen wir aus dem Sperrfeuer und sanken hin bei einem Baukommando, das Stollen baute. Es wurde allmählich hell, ich humpelte weiter und kam endlich um acht Uhr im Lager an. Nachdem ich mich vom gröbsten Dreck gereinigt hatte, vor allen Dingen die Wäsche, sank ich für einige Stunden aufs Lager. Des Mittags stand ich auf, es war ein herrlicher Sonntag. Aber draussen tobte die heftigste Artillerieschlacht. Die ganze Front rauchte und bebte, vor uns, links und rechts, auch hinter uns. Unser Lager lag merkwürdig still, wie eine Insel im brandenden Meer. Der Gegner kannte es nicht. Das Feuer tobte ohne Unterbrechung.

Mai 1917

Im Laufe des Tages kam der Arzt Dr. Lührmann und ich musste ins Bett. Am Abend fuhr ich mit dem Wagen ab zum Lazarett. Herr Nentig fuhr mit, es war hellster Mondschein, also anscheinend eine liebliche Maiennacht. Es wäre auch eine solche gewesen, ohne Krieg. Die Geschosse pfiffen über uns auf die Schnittpunkte der Strassen. Hier wussten die Pferde Bescheid, im sausenden Galopp ging es über diese. Andere Fahrzeuge kamen uns entgegen, wenn möglich, in demselben Tempo. Ganz vereinsamt lag Epoye, das ehemals so freundliche Dorf, es war von allen verlassen. Unser ehemaliges freundliches Quartier bildete im Mondschein eine traurige Ruine. Als wir durch Epoye waren, fuhren wir langsamer. Erst bei St. Masmes ging es wieder im schärfsten Galopp; denn auch dort lag das Feuer. Dieses reichte bis Heutrégiville. Als ich hier die Sanitätskompanie aufsuchte, erfuhr ich, dass sie abgerückt sei. Es gelang mir noch mit einigen anderen, in dem verlassenen Hause eine Unterkunft zu finden. Am anderen Morgen fuhr ich im Auto nach Aussonce. An der Front war das heftigste Feuer (wie ich später hörte, war auch angegriffen worden / Bertramweg bis Beaulieu-Weg usw.).

Von Juniville aus fuhr ich über Rethel nach Charleville zum Etappen-Lazarett. Hier war Grossbetrieb, d.h. nichts für solche, die ruhebedürftig waren. Wir wohnten zu zweien auf einem Zimmer, Offizier-Stellvertreter Schake und später Feldwebel-Leutnant Fuhrmann (Stadtsekretär in Witten). Als ich wieder ausgehen konnte, ging ich zum Garten, der lag nun ganz herrlich am Bergabhang über der Maas (Besuch von der Schwester Heck). Einige Herren, die ich kennen lernte waren Huber, Hagendonk. Am 22. Mai war Kaiserparade. Von der Höhe aus sah man alles sehr gut. Des Nachts bewarf der Franzmann die Gegend um den Bahnhof mit Bomben. Das wiederholte sich noch einige Male. Die Tage vergingen im Lazarett im allgemeinen sehr einförmig. Des Morgens und des Nachmittags ging ich für einige Stunden hinaus in den Garten, der sehr schön über der Maas lag. Die

Tage waren sehr heiss und dicker Staub lag auf den Strassen. Am 6. Juni wurde ich dem Genesungsheim Vireux überwiesen. Abend um 09:30 Uhr fuhr ich ab, da der Zug nicht in Vireux hielt, musste ich bis Givet durchfahren. Dann fuhr ich auf einer Lokomotive zurück und kam spät in der Nacht hier an. Das Heim war anfangs nur schwach besucht; später erhöhte sich die Zahl auf etwa 30 Personen. Schwester Evi und Hedwig leiteten den inneren Betrieb. Ein sehr netter Herr war Gustav Schulz! Infanterie Regiment 159. Das schönste hier waren die Spaziergänge. Vireux liegt zwischen Charleville und Namur. Die Gegend ist sehr reizend, die Ardennen reichen bis zur Maas. Ungemein dicht sind die Waldungen, in denen zahlreiche Wildschweine leben. Um Wildschaden zu verhüten, wurden nachts Posten ausgestellt, die mit Pfeifen und Blasen lärmen. Ich kletterte täglich in den Bergen herum, in der stillsten Einsamkeit. Am 10. Juni hatte ich mich gründlich verlaufen. Ich wusste keinen Weg noch Steg, ging im Kreise, weil jegliche Orientierung unmöglich war. Von den Bergen aus hatte man nicht den geringsten

Ausblick. Am Spätnachmittag kam ich todmüde nach Hause, freudig begrüsst von den anderen. - Eine andere schöne Tour ging zum Schlosse in Hierges. Es gehörte dem Prinzen von Arenberg. Talabwärts führte der Maaskanal durch einen Tunnel. Viele Kirschen wuchsen im fruchtbaren Maastal.

Und damit enden die Aufzeichnungen
Im Tagebuch fehlten keine Seiten, die Übrigen sind einfach frei geblieben. Leider lässt sich so nicht mehr rekonstruieren, was mit meinem Urgroßvater im Kriegsverlauf weiter geschah. Sicher ist, dass er auch das fehlende Kriegsjahr überstand und wohlbehalten nach Hause zurückfand.